B2B
마케팅
이기는
전략

B2B 디지털 마케팅 12가지 해법과 실천 사례

B2B 마케팅 이기는 전략

심진보 지음

**B2B MARKETING
WINNING STRATEGY**

e비즈북스

초판 서문

실전에서 유용한 B2B 마케팅과
디지털 마케팅 전략

저는 처음 직장 입사해서부터 B2B 마케팅과 세일즈에 20여 년째 몸담고 있습니다. 그중 절반 정도는 HP라는 글로벌 IT 회사에서 B2B 기술영업 담당자로 마케팅과 세일즈를, 다음 절반부터 지금까지 '투비스토리'라는 디지털 마케팅 광고대행사를 운영하고 있습니다. 저희 투비스토리는 IT 분야 마케팅을 대행하는 광고대행사로 출발, 현재는 산업 전반에 걸쳐서 B2B와 B2C 디지털 마케팅 광고를 실행하고 있습니다.

  저는 글로벌 IT 회사 재직 때부터 디지털 마케팅을 접목한 B2B 마케팅에 관심이 많았습니다. 그러나 당시 B2B 마케팅과 세일즈에서는 디지털 마케팅과의 접목이 주류가 아니었고, 지금처럼 활성화하지도 않은 시기였습니다. 직접 광고대행사를 운영하면서부터 직장 다닐 때 아쉽다고 생각했던 지점에 대해 다방면에 걸쳐서 고민하고 B2B 마케팅과 디지털 마케팅을 접목하는 시도를 하고 있으며, 만족할만한 성과를 거둔 적도 많습니다.

20년간 다양한 B2B 마케팅 프로젝트를 진행하면서 B2B와 디지털 마케팅의 접목에 대해 느낀 바가 많았습니다. 그래서 줄곧 디지털 마케팅을 접목한 B2B 마케팅 일반론을 다룬 책이 있으면 좋겠다고, 누가 그런 책을 써주지 않을까 아니면 내가 한번 써야겠다고 생각해왔습니다. 하지만 저 역시 현장에서 실무를 뛰는 광고대행사의 대표로, 매일 바쁘게 이어지는 광고 대행 업무 때문에 실천에 옮기지 못하고 있었습니다. 그러던 중 저의 앞선 책《페이스북 광고 이기는 전략》을 출간한 e비즈북스의 이은일 부장께서 디지털 마케팅 관점의 B2B 마케팅 책을 출간해 보지 않겠느냐고 제안해주셨고, 저 또한 항상 필요성을 느끼던 바라 2018년 연말에 이 책을 기획하고 출판하게 되었습니다.

우리나라 현실에 맞게, 다양한 분야의 기업도 가능하게

평소 B2B 마케팅을 다룬 책이 나오면 꼭 구입해 읽어 보곤 했습니다만, 책마다 공통적으로 한 가지 아쉬운 점이 있었습니다. 대부분 번역서여서 국내 현실과 괴리감이 있거나, B2B 분야에 디지털 마케팅을 접목하기보다 과거부터 관습적으로 진행해오는 오프라인 고객 대상의 B2B 세일즈 방법론만 다루고 있었습니다. 그래서 저는 이번 책에서 이와 같은 한계를 제대로 극복하자는 마음으로 집필을 시작했습니다. 마치 평소 B2B 고객과 미팅하면서 이야기 나누는 것처럼, 이왕이면 아직 디지털 인프라를 갖추지 못한 B2B 고객과 첫 미팅에서 이야기하듯 쉽고 현장감 있게 쓰자는 목표를 세웠습니다.

쉽고 재미있는 디지털 마케팅으로 안내하고 싶습니다.

제가 《B2B 마케팅 이기는 전략》에서 중점적으로 강조하고 싶은 내용은 크게 두 가지입니다. 첫 번째는 엄숙주의의 타파입니다. 엄숙함은 B2B 마케팅의 한국적 특성 중에서도 가장 큰 특징입니다. 그러나 이제는 웃음기 없이 심각하게 B2B 마케팅에 접근할 필요가 전혀 없습니다. 어쩌면 엄숙주의가 한국 마케팅 업계에 B2B 마케팅과 디지털 마케팅의 접목을 늦추게 했는지도 모릅니다. 독자 여러분은 《B2B 마케팅 이기는 전략》을 통해서 조금 더 가볍고 재미있게 B2B 마케팅에 디지털을 접목할 수 있기를 바랍니다.

두 번째는 소규모 B2B 기업의 디지털 마케팅에 실질적인 도움이 되었으면 합니다. 물론 어느 정도 규모가 있는 회사도 B2B 마케팅 경험이 부족하고, 고민도 많다는 사실을 압니다. 그러나 중소

기업 B2B 마케팅이 겪는 어려움을 너무나 많이 보아왔고, 그저 습관적으로 마케팅하는 모습을 보고 참으로 안타깝게 생각해왔습니다. 기업에 따라서는 B2B뿐만 아니라, 온라인 활동 자체가 처음인 경우도 많습니다. 따라서 작은 기업이 디지털 마케팅을 시작하는 데《B2B 마케팅 이기는 전략》이 도움이 되었으면 합니다.

《B2B 마케팅 이기는 전략》을 통해서 그동안 B2C 마켓에서 진행했던, 다양한 디지털 마케팅 도구를 B2B 마케팅에 접목시키고, 성과를 내는 시도를 할 수 있다면, 이 책의 역할은 충실히 수행된 것이며 저 역시 보람과 만족을 느낄 것입니다.

〈이기는 전략〉 시리즈를 계속 출간할 수 있게 함께해준 e비즈북스 여러분과 그간 디지털 분야에서 다양한 경험을 쌓게 해 주신 저희 투비스토리 광고주 여러분께 이 자리를 빌려 감사의 말씀을 전합니다.

2019년 7월
심진보 드림

개정판 서문

더욱 중요해진 B2B 디지털 마케팅

본 도서 《B2B 마케팅 이기는 전략》은 코로나19 팬데믹이 발생되기 전인 2019년 8월에 출간되었습니다. 최근 출판사로부터 지속적으로 판매가 되고 있으니 개정판을 발간해야 한다는 이야기를 들었을 때, 코로나19로 인해 B2B 마케팅과 세일즈에 현재 일어난 변화와 앞으로 예상되는 변화에 대한 내용을 추가해야겠다는 생각을 하게 되었습니다. 이미 초판에서도 줄곧 B2B에서 디지털 마케팅이 과거보다 중심적인 역할을 할 것이라 서술하였지만, 그 시기는 코로나19로 인해 생각보다 빠르게 앞당겨졌습니다.

  B2B 업계에 코로나19가 단기적으로는 긍정적인 요인보다 부정적인 요인이 많겠지만, 어떻게 보면 코로나19 덕분에 B2B 마케팅에 디지털이 결합되는 변화만큼은 그 이전보다 몇 배는 더 빠르게

이뤄졌습니다. 코로나19로 인해 B2B 마케팅은 오프라인보다 온라인 의존도가 높아졌으며, 마케팅과 세일즈의 도구와 방법 역시 더욱 다양한 변화를 겪게 되었습니다. 이러한 현상을 보며 매출에서는 절망적인 국면 속에서도 우리는 결국 위기를 넘어설 방법을 찾을 것이며, 살아있는 생명체와 같이 환경에 적응해 나간다는 것을 알게 되었습니다. 디지털이 낯설기만 했던 기업들도 새로운 환경 속에서 B2B 마케팅을 디지털로 해보니 된다는 것을 깨닫게 되었습니다. 앞으로 다가올 포스트 코로나 시대에는 디지털 마케팅이 더욱더 확산될 것입니다. 그때 여러분의 조직이 디지털 마케팅을 도입하지 않는다는 것은 여러분의 회사가 그만큼 새롭게 변화된 영업 환경에서 기회를 놓친다는 의미가 될 것입니다. 대다수의 전문가들이 예측하듯이 B2B에서도 마케팅과 세일즈 방식이 코로나19 이전으로 다시 회귀하는 일은 없을 것으로 필자도 확신하고 있습니다.

2022년 4월
심진보 드림

목차

초판 서문
개정판 서문

제1부 B2B 마케팅의 특성과 이해

1장 왜 디지털 마케팅일까?
B2B 마케팅과 B2B 세일즈 퍼널 구조 ····· 17
전통매체의 쇠락과 네트워크의 부상 ····· 22
마케팅 환경을 변화시킨 3가지 요인 ····· 28
독과점 시장까지 돌파하는 B2B 디지털 마케팅 ····· 30
거부의 의미와 마케팅 자동화를 통한 극복 ····· 34

2장 B2B 마케팅 혁신, 이렇게 하라
마케팅 성과와 세일즈 프로세스 개선 ····· 37
마케팅과 세일즈의 상관관계 ····· 39
캠페인 후처리 대응법 ····· 42
부서 협업이 안 될 때 ····· 46
제안서와 제안 발표 없는 마케팅이 승자다 ····· 49
온오프라인 하이브리드 마케팅 ····· 51
B2B 기업이 B2C를 만날 때 ····· 54
■● B2B 기업을 위한 디지털 마케팅 프로세스 구축 4단계 ····· 57

제2부 B2B 마케팅 전략과 도구

3장 B2B 타기팅이란

B2B 광고와 타기팅 ·· 63
타기팅 광고와 리타기팅 광고 ································· 70
타기팅 오류 사례 ·· 73

4장 온라인 마케팅

홈페이지 ·· 76
메신저 활용법 ·· 81
랜딩페이지 ··· 84
상세페이지 제작 ··· 86
웹로그 분석 ··· 88

5장 소셜 네트워크 마케팅

페이스북 ·· 92
인스타그램 ··· 110
링크드인 ·· 113

6장 동영상 마케팅과 광고

검색엔진 최적화(SEO) ··· 118
동영상 & 유튜브 ··· 122
유튜브 동영상 광고와 페이스북/인스타그램 동영상의 차이 ········ 126
동영상 광고와 사운드 ·· 127

7장 블로그 마케팅과 온라인 보도자료

블로그 마케팅 ·· 129
기업 공식 블로그 운영과 플랫폼 선택 ···················· 132

네이버에서 공개한 네이버 공식 블로그 정보 …………………… 134
언론 PR과 보도자료 …………………… 135

8장 마케팅 자동화와 이메일 마케팅

과소평가된 이메일 마케팅 …………………… 142
이메일 마케팅에서 유의해야 할 점 …………………… 144
대량메일 발송 솔루션 …………………… 145
마케팅 자동화 …………………… 147
　■ 소규모 기업의 B2B 마케팅 자동화 적용 사례 …………………… 150

9장 서포터즈와 커뮤니티 마케팅

서포터즈 마케팅이란 …………………… 154
B2B 서포터즈 운영 팁과 경쟁 구도 …………………… 157
B2B 기업이 운영할 수 있는 유형별 서포터즈 …………………… 158
인플루언서 마케팅 …………………… 160
커뮤니티 마케팅 …………………… 164

10장 B2B 마케팅과 유통

네이버 스마트스토어 …………………… 167
E-마켓플레이스 구축 …………………… 170
오픈 마켓 & 소셜 커머스 진출 …………………… 172

11장 광고와 리타기팅

소셜 미디어보다 검색광고가 더 유리한 경우 …………………… 175
검색광고 …………………… 177
모바일 앱 리타기팅 광고와 동영상 리타기팅 광고 …………………… 180
장바구니 리타기팅 광고 …………………… 185

제3부 다양한 사례 분석을 통한 마케팅 인사이트

12장 교육업과 요식업 실전 사례
디지털 마케팅의 미디어 믹스를 활용한 F기업 ······················ 191
B2B 해외 마케팅에 SNS 타깃 마케팅을 활용한 G기업 ············· 194
B2C와 B2B의 시너지를 발휘한 요식업 프랜차이즈 A기업 ·········· 196

13장 웨딩 컨벤션 기업 실전 사례
검색광고와 소셜 미디어를 활용한 I기업 ························· 200
B2B 마케팅에 채널 파트너 관리를 적극 활용한 J기업 ············· 202
유휴조직을 활용해 추가 매출을 일으킨 K기업 ···················· 204
온라인 커뮤니티와 기존 고객을 활용한 L기업 ···················· 205

14장 보험업과 판매업 실전 사례
타깃 광고로 오프라인 영업의 한계를 극복한 M기업 ··············· 208
직무 기반 타깃 광고를 활용해 활로를 찾은 N기업 ················ 210
B2B와 B2G로 포트폴리오 다양화에 성공한 S기업 ················· 212

15장 소프트웨어와 가전업 실전 사례
신규 고객 확보와 포트폴리오 다양화에 성공한 H기업 ············· 216
리타기팅으로 매출을 높인 T기업 ································ 219
타기팅을 통해 새로운 고객을 발굴한 U기업 ······················ 221

에필로그
당신이 디지털 마케팅에 익숙하지 않은 B2B 담당자라면 ············ 224

●● **부록1** 코로나19 팬데믹과 B2B 마케팅의 변화 ················· 226
●● **부록2** B2B 디지털 마케팅 용어사전 ··························· 233

제1부

★ ★ ★

B2B 마케팅의 특성과 이해

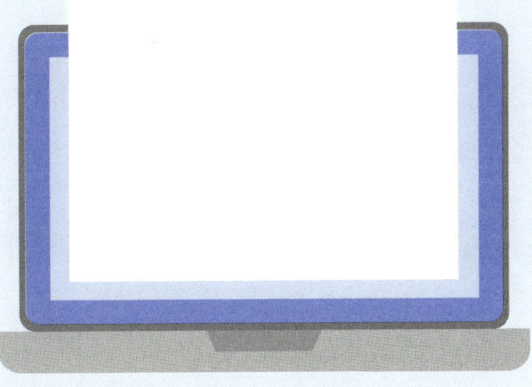

**B2B MARKETING
WINNING STRATEGY**

1장 .. 왜 디지털 마케팅일까?

B2B 마케팅과 B2B 세일즈 퍼널 구조

우리가 가장 먼저 정의해야 할 용어는 B2B 마케팅과 B2B 세일즈입니다. 비슷해 보이지만, B2B에서는 두 단어를 많이 혼용합니다. 특히 중소기업에서는 B2B 마케팅과 세일즈 담당자가 동일한 경우도 많아서 더욱더 그렇습니다.

'세일즈 = 판매 활동', '마케팅 = 세일즈 지원 활동'으로 정의하는 일반적인 마케팅 이론과 같이 우리 책에서도 판매는 B2B 세일즈로, 판매를 지원하는 모든 활동은 B2B 마케팅으로 정의하도록 합시다.

자, 그러면 흔히 B2B 마케팅이라고 할 때, 가장 많이 떠올리는 것은 무엇일까요? 많은 마케팅 책과 강의, 기업에서도 다루고, 저역시 20여 년 전 회사 생활을 처음 시작할 때부터 보고 배웠던 것

세일즈 퍼널 구조 및 파이프라인 관리

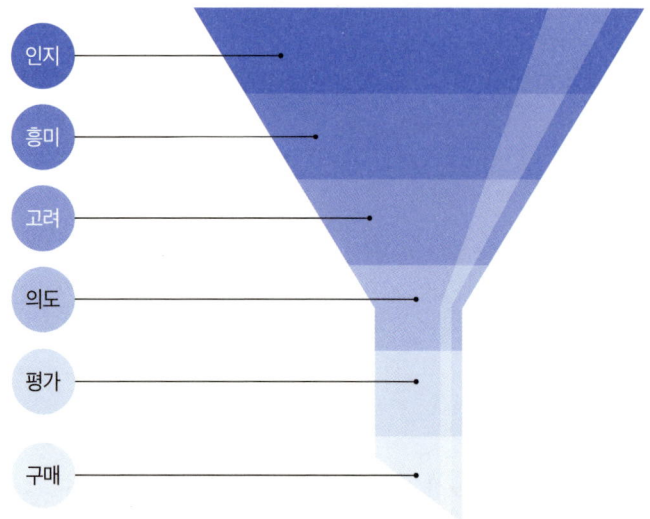

이 있습니다. 바로 세일즈 퍼널Sales Funnel 구조, 파이프라인, 파이프라인 관리입니다.

"이번 달 퍼널이 어떻게 돼? 보고서 줘봐."

매주, 매월, 매 분기마다, B2B 세일즈 조직에서 상사로부터 듣던 말이었습니다. 대부분 B2B 마케팅은 B2C 마케팅에 비해 디지털 마케팅의 역할은 좀 더 적고, 오프라인 마케팅의 비중이 큰 형태로 전개해 왔습니다. 그렇다면 이와 같은 비중의 구성은 과연 맞는 것일까요?

여기서 제가 다루고자 하는 핵심은 이렇습니다. 바로 이 세일즈 퍼널 구조를 디지털 관점에서 재해석하는 것입니다. 다시 말해 디지털 마케팅이라는 도구를 제대로 활용함으로써 B2B에 디지털 마케팅을 접목하지 않았을 때 보다,

좀 더 빠르게
좀 더 많은 수의 전환을
좀 더 측정 가능하도록

B2B 마케팅을 전개하는 것입니다. 그러므로 우리는 세일즈 퍼널 구조의 각 단계별로 디지털 마케팅 기법을 적용해 가장 하위 단계의 전환을 어떻게 극대화할 것인지 알아보고, 각 디지털 마케팅 도구의 적용 방법과 성공 사례를 함께 확인해 볼 것입니다.

여러분이 속한 기업들은 이미 각 단계를 모두 디지털화했거나, 일정 수준만 디지털화했거나, 아니면 전혀 온라인 적용이 없는 단계에 있을 것입니다. 또한 마케팅은 없고 세일즈만 있다거나, 세일즈만 있고 마케팅은 없다거나 하는 각자 다른 B2B 세일즈 상황을 가지고 있을 것입니다.

일단 가망 고객과 처음으로 접점을 가져가는 역삼각형 최상단 부분만 봐도, 디지털 마케팅을 적용한 상황과 아닌 상황은 상당히 다른 형태의 세일즈 접근 방법을 나타냅니다. 예를 들어 전통적 B2B 마케팅에서 초반 잠재고객에게 접근하는 방법을 보면, 방문

판매나 오프라인 영업조직일 수 있으며, 우편 DM 발송, 세미나 초대 같은 오프라인 활동일 수도 있습니다. 반면 디지털 마케팅을 적용한 조직이라면, E-DM, 뉴스레터, 웨비나Webinar 같은 활동으로 B2B 마케팅을 할 것입니다.

그동안 필드에서 만났던, 마케팅 성과를 내지 못하는 B2B 기업의 특성을 보면 B2B 세일즈와 마케팅 조직에서 디지털 마케팅을 전체 파이프라인의 주력 활동으로 접목하지 않고 디지털 마케팅을 오프라인 B2B 마케팅과 세일즈의 보조 수단으로만 여기는 패턴이었습니다. 디지털 마케팅을 보조 수단으로만 생각하지 말고 어떤 캠페인이라도 디지털 캠페인을 진행할 수 있도록 해야 합니다. 디지털 마케팅 역시 B2B 마케팅 자체이며, B2B 고객과의 접점을 형성할 수 있다고 생각하고 접근하는 자세가 필요합니다.

과거, 아니 최근까지도 B2B 조직에서 B2B 마케팅이라는 단어 자체를 낯설어하는 사람도 많습니다. 'B2B는 세일즈가 필요한 것이지, 마케팅이 필요한 것인가?', 'B2B에 마케팅이 필요하다면 회사 영업팀에서 담당하는 것이다.', '디지털 마케팅 도구는 B2C에서 동원하는 것이라 B2B에 사용한다는 건 너무 가벼운 일이며, 우리 고객은 그런 것을 보지 않는다.'는 식의 접근입니다. 실제로 아직도 이런 시각을 가진 기업이 많습니다. 과거에 B2B 세일즈에서 오프라인 방식의 성공 경험을 가진 기업일수록 더 그렇습니다.

이런 특성을 보이는 기업의 B2B 부서와 미팅해 보면, 회사나 관련 부서에 웹사이트 하나 제대로 없는 경우가 많습니다. 대표이사나 B2B 담당 매니저가 '우리 부서는 홈페이지 따위 필요하지 않다.'는 인식을 보입니다. '홈페이지 같은 건 B2C 부서나 제품 판매 부서에서 하는 일 아닌가요?'라는 질문도 자주 들었던 말입니다. 이런 조직은 카탈로그를 전달하는 마케팅 방식이 정석이라고 계속 생각하고 있을 정도로 과거의 관성이 상당히 강합니다. 그러나 과거에 성공했던 방식이라고 해서 늘 성공한다는 보장은 없습니다. B2B 업계 사람들의 라이프 스타일과 사람을 만나는 방식이 변화했기 때문입니다.

이제는 디지털 마케팅에서 결과가 나오는 때가 더 많아졌고, 온오프라인 마케팅의 경계도 아주 모호해졌습니다. 마케팅 프로세스와 마케팅을 진행하는 필드가 온라인과 오프라인 동시에 걸쳐 있기 때문에 기존 이론이나 과거의 방법론, 전통적 마케팅 접근이 전처럼 그렇게 중요하지 않습니다. 세일즈를 지원한다는 마케팅 개념 정의의 관점에서 보아도 결과가 나오는 영역에 집중해야 할 것입니다.

마케팅과 세일즈 조직에서 항상 중요한 것은 결과이며, 그것은 매출입니다. B2B와 B2C 마케팅 모두 타깃이 되는 사람이 중심입니다. 세일즈에서 매출을 줄 수 있는 의사 결정자를 키맨이라 부릅니다. 키맨을 타깃해서 발굴하고 매출 전환을 일으키기 위해서 큰 비용을 투입하는 마케팅이 전통적 관점의 B2B 마케팅이었습니다. 하지만 우리 제품이 가격경쟁력이 있고 매력적이라면 이제는 디지털 마케팅으로도 키맨을 잡을 수 있는 시대입니다. B2B 분야에서 디지털 마케팅의 접근 방법은 전통적 오프라인 마케팅 방법보다 비용 대비 효과가 있음을 증명하고 있습니다. 발로 뛰면서 커버하던 오프라인의 일대일 B2B 마케팅보다 디지털 마케팅이 결합한 B2B 마케팅으로 더 뛰어난 성과를 얻게 되었습니다.

전통매체의 쇠락과 네트워크의 부상

"오늘은 고객과 첫 만남이라 차만 한잔했습니다. 다음에 저녁을 함께하거나 소주 한잔하면서 본격적인 이야기를 나눠보도록 하겠습니다. 이번 건은 그때 가봐야 알겠는데요."

저는 과거 직장에서 B2B 마케팅과 세일즈를 담당하며 매니저에게 보고할 때, 위와 같은 구두 보고를 한 적이 많았습니다. 여러분은 어떠신지요?

그동안 B2B 마케팅은 회사 대 회사의 거래를 발굴하고, 새로운 거래처를 찾는, 방법론에서 말하는 소위 선비적인 접근으로, 상당히 예의를 갖추면서 속도와 완급조절을 지향해 왔습니다. 그러나 디지털 마케팅이 B2B와 결합한 요즘 상황은 어떨까요?

이제는 서로의 니즈만 충족된다면 만나지도 않고 B2B 영역이라도 상대에게 바로 우리 제품의 표준 제안서와 상세스펙을 보내고 비즈니스를 이야기할 수 있는 시대입니다. 과거보다 비즈니스의 속도가 빨라졌습니다. B2B 매출을 늘리기 위해 디지털 마케팅을 통해 가망 고객을 타기팅하며 접점을 극대화하고 영업 기회를 늘립니다. 그리고 일차적으로 획득하거나 노출된 가망 고객을 전통적 마케팅 기법보다 빨리 설득할 수 있는 도구인 디지털 마케팅을 활용해 접근하는 것이 현재 B2B 마케팅의 특성입니다.

그렇다면 과거에는 1차 미팅 다음에 무엇을 했을까요? 보통 골프와 같은 행사가 많았습니다. 많은 B2B 담당자의 고정관념에는 '모든 일에는 순서가 있다.'는 식의 접근이 많았습니다. 그러나 제가 드리고 싶은 말은 단순히 '세월이 변했다.'는 이야기가 아니라, B2B 구성원도 결국 각 개인의 집합이고, 개인이 변함에 따라 조직이 변하고, 조직이 변하면, 사회도 변하게 되어 있습니다. 사회가 변함에 따라, 다시 개인의 사고와 의식이 변하고 있으며, B2B 마케팅 역시 사회의 일부분으로 분명히 변화하고 있다는 사실입니다. 저는 이와 같은 B2B 마케팅의 변화가 크게 세 가지 요인에서 촉발했다고 생각합니다.

첫 번째 요인은 '김영란법'입니다. B2B 마케팅은 물론 B2G(기업 대 국가 거래) 마케팅까지 포함하여 가장 큰 변화를 촉발하고 있다고 생각합니다. 처음 김영란법이 발효될 무렵 앞으로 B2B 마케팅 행사와 세일즈를 어떻게 할 것인지 상당히 많은 세미나와 컨설팅이 열렸습니다. 그러나 지금은 김영란법에 대해 다른 대책을 논하지 않고, 김영란법 준수를 당연하게 받아들이고 있습니다.

두 번째 요인은 주 52시간 근무로 인한 정시 퇴근과 접대 문화의 변화입니다. 2018년 7월부터 주 52시간 근무제가 본격적으로 시행된 후, 일반 회사의 회식 문화뿐 아니라, B2B 거래에서도 접대 문화의 변화가 생겼습니다. 최근 발표된 신용카드사 통계자료를 보아도, 법인 카드의 접대비 사용이 낮아지고, 사용 시간도 이른 저녁으로 앞당겨지는 추세를 보인다는 내용이 많습니다. 이것이 의미하는 바는 무엇일까요? 사회적 분위기가 B2B에도 영향을 미쳤고, B2B 역시 실용적인 방향으로 변화하고 있다는 뜻입니다.

세 번째 요인은 세대교체입니다. 이른바 X세대가 B2B 마케팅의 임원 및 의사 결정자가 되고, 밀레니얼 세대가 B2B 마케팅 실무의 주축이 됨으로써 생겨나는 변화입니다. 현재 B2B 조직에서 대리급 이하 조직원은 30대 중반을 넘지 않은, 소위 밀레니얼 세대로 성장 환경, 행동 특성, 업무 태도와 가치관이 이전 세대와는 상당히 다릅니다. 그리고 기업에 따라서는 이들이 조직의 40-50%를 차지하는 경우도 있습니다. 최근 기성세대가 밀레니얼 세대를 제대로 이해하지 못해서 조직에서 갈등을 겪는 사례가 언론에 소개되고, 관련 교육까지 생겨나고 있습니다. 밀레니얼 세대는 대부분 소셜 미디어 사용에 익숙하고 언제나 온라인에 연결되어 있기를 원하며, 모바일 메신저 사용에도 익숙합니다. 또한 남의 눈을 의식하기보다 자기중심적인 뚜렷한 가치관을 가지고 있습니다. 이렇게 가치관과 생활 패턴이 다른 밀레니얼 세대가 사회의 주축 구성원이 됨에 따라서 B2B 역시 분명히 변화하고 있습니다.

변화의 대표적인 사례를 하나 들어보겠습니다. 예전에 엔터프라이즈 B2B 마케팅에서 필수로 취급하던 것이 바로 골프였습니다. (물론 이제는 골프라는 이벤트 자체가 김영란법에 저촉될 가능성이 높기는 하지만) B2B 마케팅과 관련한 행사 중에서도 상당히 시간이 많이 투입되는 경우입니다. 저도 직장 주니어 시절에 호텔 1박 2일의 골프 동반 세미나를 준비해본 적이 많았습니다. 기념품 준비, 객실 예약, 제품 PT 준비를 해야 했고, 제주도와 강원도 리조트에서 1일 차는 세미나, 2일 차는 골프와 기념품을 제공하는 수많은 B2B 행사를 준비한 것 같습니다. 세미나가 우선인지 골프가 우선인지 알기 어려운 행사가 정말 많았습니다. 그런데 이런 행사들이 과거보다 줄어든 것이 김영란법 한 가지 이유 때문일까요? 저는 그렇지 않다고 봅니다. 위에서 말씀드린 세 가지 요인이 복합적으로 작용한 결과겠지요.

밀레니얼 세대가 B2B 담당자가 되면서, B2B를 담당자의 의식과 라이프 스타일도 변화한 것은 아닐지 생각해 볼 필요가 있습니다. B2B도 결국 개인이 모여서 이루어지는 것이기 때문입니다. 주 52시간 근무와 더불어 과거와 같은 1박 2일의 B2B 마케팅 행사는 점점 줄어들 것입니다.

또한 밀레니얼 세대는 디지털 기기를 다루는 데 능숙합니다. 그들이 내는 아이디어와 기획으로 B2B 마케팅 캠페인은 과거에 오프라인에서 진행했던 B2B 마케팅보다 더 많이, 더 빠르게 디지털로 전환할 것입니다. 이런 현상은 페이스북, 트위터, 링크드인과 같은 SNS를 활용한 비즈니스 네트워킹이 대세가 되면서, 꼭 골프와 같은 번거로운 활동으로 비즈니스 네트워킹을 할 필요가 없기 때문입니다. 물론 골프는 여전히 단순한 스포츠가 아닌 접대와 교류의 수단으로 볼 수 있습니다. 하지만 접대와 사교 수단으로 골프의 몰락은 우리나라뿐만 아니라 전 세계적 추세입니다. 아디다스가 테일러메이드, 아담스, 애시워스 같은 골프 관련 브랜드를 모두 매각했으며, 나이키도 골프 영역의 비중을 줄이고, 골프웨어 브랜드만 가져가는 전략을 취하고 있습니다.

비즈니스 조찬모임도 마찬가지입니다. 불과 4-5년 전까지도 흔했던 조찬모임은 이제 예전만큼 많지 않습니다. 연간 100만 원 이상 회비를 내며 매주 조찬 모임에 참석하거나, 매번 4-5만 원의 조식 뷔페 비용을 내면서 평일 오전 7시까지 호텔 세미나 룸에 가서 이름표 받고, 원탁에 8명씩 앉아 1시간 세미나 듣고, 명함을 교환하고, 단체 사진 찍는 조찬모임보다, 온라인에서 네트워킹할 수 있는 실용적인 기회가 훨씬 더 많아졌습니다. 밀레니얼 세대는 소셜미디어에서 그때그때 곧장 비즈니스 파트너와 채팅을 시도하고 있으며, 온라인 독서클럽 같은 곳에서도 비즈니스 파트너를 찾아내고 있습니다. 이렇게 과거와는 전혀 다른 방식으로 온라인에서 비즈니스 네트워킹을 가지는 시대입니다. 최근 유행하는 '가성비'라는 측면에서도 유념해서 볼 부분입니다.

B2B 마케팅과 세일즈의 첫 번째 단추라는 명함교환도 마찬가지입니다. 명함교환의 접점이 반드시 무거운 분위기일 필요도 없고, 온라인에 네트워킹 기회가 많기 때문입니다. 국내에도 이미 수

대표적인 명함교환 앱 리멤버

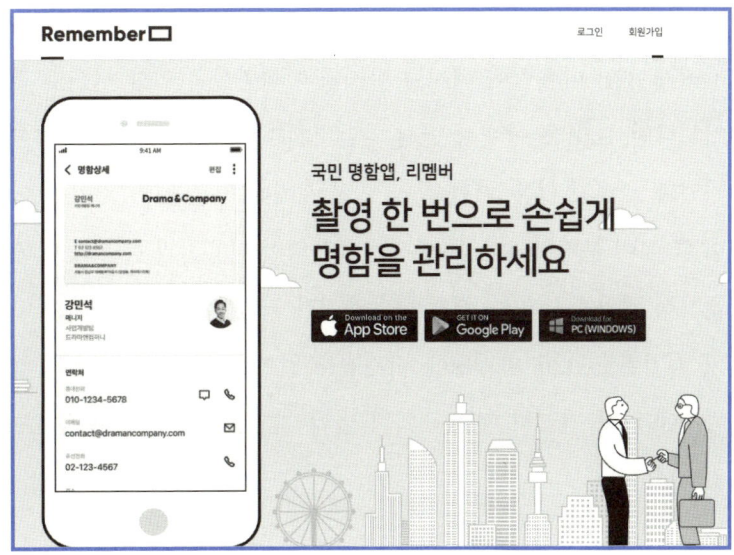

백만 명의 회원을 가진 B2B 명함교환 앱이 있습니다.

저는 지금 B2B 마케팅 환경을 삽으로 땅을 파던 시대에서 포크레인으로 땅을 파기 시작한 시대에 와있다고 생각합니다. 두 가지 관점 때문입니다. 첫 번째는 디지털 마케팅이 가져온 B2B 마케팅의 전개 속도 차이입니다. 이제 B2B 마케팅은 과거 아날로그 시대처럼, 한 분기 전에 미리 오프라인 행사를 준비하거나, 우편 DM을 보내고 다음 주에 확인 전화를 걸어서 세일즈하는 방식으로 진행하지 않아도 됩니다.

두 번째는 B2B 마케팅의 투입 비용에서 예산과 효율적 사용의 관점입니다. 이제는 과거처럼 대규모 예산을 들여서 B2B 마케팅을 집행하지 않아도 됩니다. 구글과 페이스북에서 단돈 1만 원으로도 타깃 그룹에 테스트 광고를 해볼 수 있는 시대에 진입했습니다.

이제 B2B 마케팅이 디지털 마케팅과 결합한 산업화 시대로 진입했다면, B2B 분야에서 먼저 과감하게 디지털 마케팅을 도입한 기업과 그렇지 않은 기업 간의 도입 시기에 따른 성과 격차는 이미 클 것이 분명합니다. 19세기 산업혁명이 서유럽과 동양의 경제, 군사적 격차를 벌리는 결정적인 계기가 되었던 것처럼 우리는 이미 기업별로 B2B 마케팅에 디지털을 얼마나 적극적으로 접목하는지에 따라 기업의 매출 격차가 벌어지는 상황을 이미 목격하고 있습니다.

마케팅 환경을 변화시킨 3가지 요인

과거에는 산업별로 전문 잡지가 매우 활성화되었던 시기가 있었습니다. 예를 들면 하드웨어, 소프트웨어, 디자인, 식음료 등등 분야별로 수많은 전문 잡지가 있었고, 나아가 화학, 기계, 항공 같은 전통적 이차 산업 분야도 전문 잡지가 많은 성장을 하고 있었습니다. 그래서 그 시기에는 특정 산업 관련 사람들에게 B2B 마케팅을 하면, 전문 잡지가 큰 역할을 했었습니다. 어떤 캠페인이건, 마케팅 미디어 믹스에 있어서, 항상 전문 잡지를 빼놓고는 생각할 수 없었습니다. 그러나 지금은 어떠한가요? 전문 잡지의 영향력이 과거처럼 많은 영향력을 끼친다고 말할 수 있을까요?

저희 회사는 많은 B2B 기업으로부터, 전문 분야 종사자가 모이는 행사의 홍보 의뢰를 받은 적이 있습니다. 그런데 최근에는 전문 산업 종사자를 위한 캠페인에서 예전만큼 전문 잡지의 비중이 크지 않은 게 사실입니다. 이제 각 산업군 종사자들은 인터넷 기반의 커뮤니티를 통해서 설령 물리적으로나 지리적인 거리가 멀다고 하더라도 쉽게 네트워크를 구성할 수 있습니다. 더욱이 소셜 미디어라는 관계형 네트워크의 특성상 특정 직업, 특정 전공, 특정 관심사를 가진 사람들끼리 관계를 맺을 수 있는 확률이 더 높아졌습니다. 디지털 마케팅의 출현으로 전통매체의 광고가격이 내려간 것이 사실입니다.

따라서 전통매체에 관행적으로 투자하는 상당 부분의 광고 예산을 온라인 쪽으로 이동해서, 비용 대비 광고 효과를 증가시켜야 합니다. 여전히 필드에서는 대표이사님 또는 회장님이 보는 잡지니까, 우리 고객은 아직 오프라인에 많기 때문에 전통매체에 예산을 투자한다는 답변을 많이 듣습니다. 그렇다면 해당 오프라인 매체가 실제로 효과가 있는지 점검해보고 전체 광고 예산을 효율적으로 사용하는 차원에서라도 온라인과 오프라인의 전체 홍보예산 비중을 다시 편성해 보기 바랍니다.

예산에 대한 이야기가 나온 김에 할인율에 대한 이야기도 함께 드리겠습니다. B2B 마케팅에서, 할인 전략은 B2C 마케팅과는 아주 다릅니다. 이는 기존 B2C 마케팅에 익숙한 기업이 B2B 마케팅에서 많이 겪는 실수입니다. B2C 마케팅처럼 할인율을 많이 고민할 필요는 없습니다. 오히려 할인율보다 가치 전달이 더 중요한 때가 더 많습니다. 즉 시장에 적정가격이 노출되지 않은 상황이라면 먼저 할인율을 언급할 필요는 없습니다. 할인율은 고객이 할인에 대한 가치를 느낄 때 비로소 의미가 생깁니다. B2B 상품과 서비스는 대부분 타사와 경쟁 구도에서 가격은 노출되지 않을 때가 더 많습니다. B2B 마케팅을 진행할 때, 가격 이외에 기업 담당자에게 제시할 가치가 무엇인지 고민하는 편이 더 좋을 것입니다. 가격을 노출해야 하는 상황이라면 시장에 이미 자사와 유사한 제품과 서비스를 판매하는 경쟁 기업이 많다는 의미일 수도 있습니다. 경쟁자와 비교해서 특별히 눈에 띄는 개성이 없고, 할인 같은 프로모션만 가능한 상황이라면 B2B 마케팅에서는 가격만 소구하면 되기 때문에 오히려 마케팅 기획이 단순해지는 상황일 가능성도 큽니다.

독과점 시장까지 돌파하는 B2B 디지털 마케팅

"A사는 B사의 어카운트야. 저기는 새롭게 B2B 마케팅을 한다거나, 고객으로 새로 발굴하는 건 불가능한 일이야, 다른 일 해."

전통적 오프라인 마케팅에서는 B2B 기업이 기술적 독과점을 통해 시장을 지켜온 경우가 많았습니다. 실제 저 역시 B2B 마케팅 필드에서 선배들로부터 이런 말을 곧잘 들어보았고, 현실에서 느낀 적도 많았습니다. 최근까지도 B2B 마케팅에서 고객사와 납품사가 수십 년째 동일한 독점 제품을 두고 거래를 이어오는 장면을 흔히 볼 수 있었고, 실제로 우리 제품을 한 번도 쓰지 않은 고객에게 자료를 보내거나 세미나에 초청하고 미팅 요청을 하는 행동은 아주 비생산적이라고 치부했던 것도 사실입니다.

마케팅과 세일즈 담당자는 으레 과거부터 해온 대로 전통적 B2B 마케팅과 세일즈 방식을 따르는 것이 훌륭한 업무수행이라고 평가받았습니다. 외주 교육기관에서 전통적 B2B 세일즈 방법론을 집약한 2박 3일 정도의 B2B 전문 세일즈 교육을 받고, 2-3년마다 갱신 교육을 받는 조직도 있었습니다. 저도 회사에 다닐 때, 호텔에 모여 명함교환 매너부터 테이블 매너, 화술, 키맨 공략법, 포기하지 않는 정신력 등을 강의하는 B2B 전문 강의를 여러 번 들은 적이 있습니다. 물론 디지털 마케팅에 대한 내용은 전혀 없었습니다.

과거에는 '지금 고객과 어떻게 하면 더 친해질까?', '지금 확보한 고객에게서 어떻게 더 많은 매출을 만들 수 있을까?'를 주로 고민했습니다. 고객사의 복도에 찾아가서 지나가던 고객을 기다리는 식의 막무가내 세일즈가 더 많았던 시절이었습니다. 실제로 이런 뻗치기 마케팅을 경험한 적이 있습니다. 요즘도 그렇지만, 과거에는 RFP Request For Proposal 즉 제안요청서에 우리 회사 제품도 제안할 수 있도록, 요구사항 명세서에 우리도 제안할 수 있는 규격이

명기되어 있어야, 제안을 거쳐 구매부로 납품할 수 있었습니다. 따라서 마케팅과 세일즈의 역량은 고객사의 RFP에 우리 회사도 제안할 수 있는 조건이 되느냐에 따라 평가받았습니다.

업계에서 꽤 알려진 큰 기업이었는데, 수년째 제가 근무하는 회사 제품은 납품할 수 없는 규격의 RFP가 나오고 있었습니다. 기술적으로, 마케팅적으로도 설득이 통하지 않아서 세일즈 담당자와 저는 무작정 고객사 건물 로비로 가서 며칠 동안 담당자를 기다린 끝에, 엘리베이터 안에서 제가 근무하던 회사의 제품도 제안 가능한 요구사항 명세서를 전달해 본 적도 있었고, 지방에 근무하는 고객이 만나주지 않아서, 고객이 서울로 오는 주말에 일부러 고객과 같은 열차의 승차권을 사 우연을 가장한 뻔한(?) 만남을 진행한 적도 있었습니다.

하지만 이런 막무가내 시도가 성공하는 일은 이른바 전설적인 일이고, 일반적으로 이렇게 성공하는 경우는 별로 본 적이 없습니다. B2B 마케팅에서 제품과 서비스를 판매하는 쪽이나 구매하는 고객 입장에서도 서로 익숙하지 않은 새로운 시도를 하지 않는 폐쇄적인 문화 자체가 우리 모두를 소극적으로 만들어왔던 것 같습니다.

이렇듯 B2B 마케팅은 과거부터 폐쇄적이었으며 어떤 계기든 새로운 기회를 창출한다는 것은 쉽지 않았습니다. 오랫동안 시장을 지배해온 B2B 기업이 사라지거나, 인수 합병되지 않는 이상 B2B 제품을 공급하는 주체가 바뀌는 일도 흔하지 않았습니다.

그러나 지금은 어떻습니까? B2B 마케팅에 디지털을 접목함에 따라 기존 B2B 마케팅 시장에서는 도저히 상상할 수 없던 일들이 현실로 일어나고 있습니다. 과거 시각에서 보았을 때 도저히 뚫을 수 없을 것 같았던 경쟁 B2B 기업과 고객이라는 철옹성이 뚫리고 있는 것입니다.

가장 큰 변화는 소셜 미디어를 통해 새로운 고객을 만나고 발굴하는 모습입니다. 이제 많은 경우에 첫 번째 비즈니스 미팅은 페이스북, 트위터, 링크드인과 같은 소셜 미디어와 메신저를 통해 이루어지고 있습니다. 이미 시대가 바뀌었고, 더 바뀔 수밖에 없다는 점에 주목해야 합니다.

예전에는 흔히들 B2B 마케팅과 세일즈를 할 때, 혹은 적합한 B2B 마케팅 파트너를 찾을 때, 이런 말을 주고받은 적이 많았습니다.

"B2B 제품이라 그런지 인터넷에 찾아봐도 잘 나오지 않습니다. 카탈로그를 달라고 할까요?"

"그 회사는 불러도 잘 오지 않습니다. B2B 분야 독점 회사라서 그런 것 같습니다."

디지털 마케팅이 활성화된 요즘에는 듣기 힘든 이야기가 되었습니다. 과거에는 특정 B2B 제품에 대한 정보의 비대칭성이 있었고, 거래 자체의 어려움도 있었지만 지금은 예전만큼 정보의 비대칭성이 생기지 않고 누구나 검색을 통해 B2B 정보를 많이 얻을 수 있게 되었습니다.

여러분, 생각을 바꿔보시기 바랍니다. 소셜 미디어와 포털사이트를 이용하면 남들보다 발품은 적게 팔면서 더 많은 B2B 매출을 만들 수 있는 시대에 살고 있습니다.

거부의 의미와 마케팅 자동화를 통한 극복

마케팅과 세일즈에 있어서 '거부'라는 말은 '더 이상 정보를 원하지 않는다.', '사지 않겠다.'는 뜻입니다. 즉 우리 제품과 서비스에 대해 구매 의사가 없다는 뜻이 바로 마케팅에서 말하는 거부의 의미입니다. 그런데 제 경험에 비춰볼 때, B2B 마케팅에서 말하는 거부와 B2C 마케팅에서의 거부는 다른 의미일 가능성이 높습니다.

B2C 마케팅, 특히 소비재는 취향과 관련한 거부나 소득 수준과 관련한 거부가 많습니다. 그런데 B2B는 조금 다릅니다. B2B 마케팅에서는 많은 부분이 정말로 '거부'라기보다 서로 타이밍이 맞지 않아서 생기는 '지연'의 의미가 더 많기 때문입니다. 가끔 일부 담당자는 B2B 마케팅에서 '대답 없음' 혹은 '고려 중'이라는 부분까지도 거부라고 자의적인 해석을 내릴 때가 많습니다. 하지만 B2B 마케팅은 B2C보다 의사 결정 과정이 길거나, 여러 부서를 거치면서 조직 내부의 이슈가 생길 수 있으며, 대부분 최종계약을 위해서

이미 정해진 의사 결정 라인을 거쳐야만 합니다. 또한 충분한 예산이 있어야 하며, 예산이 있을 만한 기업이라도 집행 가능한 타이밍이어야만 최종 전환이 가능합니다. 그래서 우리는 B2B 마케팅에서 다음과 같은 말을 많이 합니다. '절대로 사지 않을 것 같았는데……', '이 고객은 불가능할 줄 알았는데…….' 하지만 불가능했다기보다 단지 고객의 구매 사이클과 맞지 않았기 때문입니다.

B2B에서 디지털 마케팅이 더 필요하고 유리한 이유가 바로 여기에 있습니다. 오프라인에서 대면하고, 지속적인 인지를 주고, 파이프라인의 가장 끝 단계로 가서 전환을 끌어내는 일은 절대 쉽지 않습니다. 흔한 말로 '건수'도 없는데, 어떻게 고객을 계속 만날 수 있을까요?

B2B 마케팅 담당자가 흔하게 겪는 곤란한 사례가 있습니다. '지나다가 잠시 들렀는데, 인사도 할 겸 잠깐 이야기 나눌 수 있을까요?'라는 요청 전화나 문자를 받아 본 적이 있으십니까? 저 역시 여러 번 있습니다. 이런 식의 비즈니스 만남은 실제로 큰 성과가 있을 때도 없지 않지만, 시간이 아까울 때가 더 많습니다. 또 평소에는 전혀 연락이 없다가 명절을 앞두고 갑자기 단체 문자로 보냈을 가능성이 100%인 인사 문자를 받았을 때 여러분은 어떤 기분이 드시는지요? 이런 관계가 실제 비즈니스에 도움이 될까요? 오프라인만으로는 상대방에게 지속적인 이슈와 인지, 안건을 주기 어렵습니다. 느슨하면서도 상대방에게 필요한 사람이라는 연결의 끈을 계속 주는 것이 필요합니다. '지나가다가 잠시 들렀는데, 인사

도 할 겸 잠시 이야기 나눌 수 있을까요?'라고 연락한 상대방 측에서는 여러분에게 어떤 인지를 주려고 왔을지도 모릅니다.

디지털 마케팅의 장점은 번거롭게 서로 시간을 낭비하지 않고도 지속적인 인지를 줄 수 있다는 점입니다. 여러분이 B2B 마케팅과 세일즈 측면에서 영업과 제안을 충실히 한다고 과거처럼 고객 사무실에서 버티기, 무작정 찾아가기만 할 수는 없습니다. 그렇게 성공했다는 선배들의 성공 신화 중 일부는 시간이 흘러서 이제 고객이 해당 제품과 서비스를 구매할 타이밍이 되었기 때문에 구매한 것일 수 있습니다. 즉, 타이밍이 맞은 것입니다. 기억하십시오. B2B 마케팅은 제품이 좋고 나빠서가 아니라 고객의 구매 타이밍이 좌우하는 경우가 상당히 많습니다. 따라서 B2B 마케팅은 작은 확률의 잠재적 기회가 모여서 세일즈에 기여하고 매출을 만들어 냅니다.

최근 마케팅에서는 너처링Nurturing, 즉 양육이라는 용어가 널리 쓰입니다. 좋은 DB와 나쁜 DB가 따로 있는 것이 아니라 타이밍이 맞는 DB와 그렇지 않은 DB가 있을 가능성이 더 많다는 사실을 저는 필드에서 꾸준히 경험하고 있습니다. 그러므로 과거처럼 타이밍을 따지지 않고 무조건 뛰어드는 7전 8기의 영업 신화가 반드시 미덕이 될 수는 없습니다. 이제는 디지털 마케팅을 통한 효율이 중요합니다. B2B 마케팅에서 거부의 의미를 잘 생각할 필요가 있습니다. 실제 거부일지, 지금이 타이밍이 아닌지 잘 판단하기 바랍니다.

2장 .. B2B 마케팅 혁신, 이렇게 하라

마케팅 성과와 세일즈 프로세스 개선

디지털 마케팅은 통계를 기반으로 합니다. 마케팅의 모든 지표가 정상임에도 불구하고 결과가 잘 나오지 않는다면 그 원인은 무엇일까요? 고민이 필요합니다. B2B 마케팅이 잘 안 될 때, 100% 마케팅 자체에만 원인이 있는 걸까요? 여기서 B2B 마케팅이 잘 안 된다는 말은 퍼포먼스, 즉 전환으로 결과가 나오지 않는다는 뜻입니다.

리드가 없거나 매출이 없는 상황의 원인 분석에 대해 (여러 가지 광고 마케팅의 지표 분석으로 얻을 수도 있겠지만) 먼저 생각해봐야 할 중요한 포인트가 있습니다. 바로 'B2B 세일즈의 문제는 아닌지 살펴보는 관점'입니다.

그렇다면 B2B 세일즈는 무엇을 가리킬까요? 대표적으로는 실제 실적과 인센티브를 기반으로 하는 영업 조직과 텔레마케팅 조직이 있습니다. 더 많은 분류도 있을 수 있지만, 실제 중소기업부터 대기업까지 가장 많이 볼 수 있는 조직은 바로 영업과 텔레마케팅입니다. 실제로 제가 필드에서 B2B 마케팅 컨설팅을 진행할 때 가장 많이 발견하는 튜닝 포인트가 B2B 세일즈 조직과 콜센터 그리고 사내 업무 프로세스입니다. 최근에는 더 늘어나는 추세입니다.

IT 기술에 기반을 둔 디지털 마케팅을 B2B에 도입함에 따라 매출을 위한 노력 중 광고에서 끌어 올릴 수 있는 성과는 거의 최대치까지 올라가고 있습니다. 그러면 매출 성과 증대를 위해서 어떤 쪽을 튜닝하는 것이 좋을까요? 마케팅은 세일즈를 지원하는 것입니다. '세일즈 조직은 적절한 세일즈 프로세스를 가지고 있는가?', '텔레마케팅 조직에서 누수는 없는가?' 점검해야 합니다.

B2B 마케팅에서 디지털 마케팅을 활용해 유입을 늘리는 것만이 능사일까요? 혹시 지금 시기가 밑 빠진 독에 물 붓고 있는 구간은 아닐지? 실제로 이런 누수 구간을 잡아내는 것이 B2B 마케팅의 성과 면에서 아주 중요한 포인트입니다.

그러므로 B2B 영역에서 광고대행사를 선택할 때는 광고뿐만 아니라 비즈니스까지 함께 논의할 수 있는 컨설팅사나 광고대행사를 선택하는 것이 좋습니다. 때로는 여러분이 광고대행사를 선택할 때, (저도 광고대행사를 운영하지만) '광고회사는 광고 결과만 좋으면 되는 것 아닌가? 비즈니스는 우리 영역이 아니다.'라는 답변을 들을 가능성이 크고, 실제로 많은 광고회사가 그렇게 답변하고 있습니다. 그러나 디지털 마케팅의 최고 미덕은 매출입니다. 진행하는 마케팅이 브랜딩이든 퍼포먼스 마케팅이든 시간이 오래 걸리든 바로 성과가 나오든 고객과 대행사가 바라는 것은 역시 매출입니다. 그런데 매출이라는 결과를 100% 마케팅으로만 얻어낼 수 있을까요? 마케팅 이외의 다른 조건이 전체적인 마케팅 성과 개선과 관련이 있을 수 있습니다.

그래서 때로는 이러한 개선 과정 중 사내 조직 간의 갈등이 발생하는 사례도 많습니다. 그러나 성과를 위해서라면 조직의 확대와 축소 같은 부분까지 고려해야 합니다. B2B 마케팅은 단지 B2B 마케팅뿐만 아니라, 영업, 인센티브, 콜센터 등 B2B 세일즈에서 결정되는 경우도 많기 때문에 반드시 함께 점검해야 할 것입니다.

마케팅과 세일즈의 상관관계

B2B 마케팅과 B2B 세일즈를 구분하지 않는 작은 조직이라면 문제 되지 않겠지만, 규모가 어느 정도 되어서 B2B 마케팅과 세일즈 조직이 확연히 구분할 수 있을 때 가장 많이 볼 수 있는 비효율은 책임 전가입니다. 특히 사업부가 다른 경우 책임 전가 문제가 많이 일어납니다. 대표이사는 한 명뿐이라도 일단 사업부가 다르면 사업부 담당 임원이 다르고, 임원들은 담당 부서의 매출에만 집중하

기 때문에, 사내 여러 사업부와 매출 구조가 얽혀 있는 B2B 제품과 서비스가 제대로 돌아가지 않는 문제입니다.

만약 독자 여러분 중에 회사의 대표이사가 계신다면, B2B 마케팅에서 마케팅과 세일즈가 별개로 진행되거나 특히 부서 사이에 서로 책임 전가를 하게끔 하면 절대 안 됩니다. 이것은 B2B 마케팅의 실패 사례에서 가장 흔하게 볼 수 있는 비효율 현상입니다. 가능한 모든 부서가 디지털 마케팅을 충분히 이해하도록 하는 것이 가장 좋습니다. 그래서 저는 B2B 기업에 디지털 마케팅을 도입하기 전, 전체 부서가 함께 워크숍이나 세미나를 통해 공감대를 모으는 작업부터 시작하기도 합니다.

비단 B2B 세일즈와 B2B 마케팅 사이의 문제만은 아닙니다. B2B 부서와 B2C 부서 간에도 흔히 있는 갈등입니다. 예를 들어 B 기업 B2B 부서와 B2C 부서가 실질적으로 동일한 제품과 서비스를 판매하는데 판매 주체와 볼륨만 다른 경우가 아주 흔하기 때문입니다. 즉 기업고객 사업부와 개인 고객 사업부가 동일 제품을 판매하는데 대량구매에 따른 단가만 다르다면 두 부서의 협업이 아주 중요합니다. 과거처럼 B2B와 B2C가 다른 고객 피드백 선상에 있어서 상호교류가 없고 마치 다른 회사처럼 움직이는 것은 문제가 있습니다. B2B와 B2C는 장기적으로 시장 반응에 의해 동기화될 가능성이 크기 때문에 마케팅과 세일즈가 함께 움직여야 하며 상호 피드백이 있어야 합니다. B2B와 B2C 마케팅과 세일즈 부서가 서로 피드백을 주지 않고 따로 움직이면 회사 전체로 볼 때 아주 큰 손실입니다. 실제로 이런 일은 비일비재하고 사내 부서 소통이 외부 회사와의 소통보다 더 어려운 모습도 자주 목격합니다. 나중에 실제 사례와 함께 다시 이 문제를 언급하면서 해결책까지 말씀드리겠습니다. (44쪽 B2B 마케팅에서 부서 협업이 안될 때)

한 가지 더 짚어보자면 대기업에서는 B2B 마케팅과 B2B 세일즈를 확실하게 구분하지만, 중견기업과 중소기업은 B2B 마케팅과 세일즈를 조직 구조로 확실히 구분하기 어려울 때가 많습니다. 때로는 담당자 한 명이 모든 활동을 겸하기도 합니다. 사실 마케팅의 정의를 세일즈 활동을 돕는 모든 것이라고 할 때, 두 개의 업무를 한 명의 담당자가 진행하는 것이 이상한 일은 아니지만 한 가지 업무 때문에 다른 한 가지에 소홀해진다면 상당히 안타까운 일이 아닐 수 없습니다.

특히 중소기업에서 마케팅 때문에 고민하는 지점은 '대표이사 혼자 할 것인가?', '마케팅 담당 직원을 새로 채용할 것인가?', '외주 대행사를 쓸 것인가?', 또는 '외주 프리랜서를 쓸 것인가?' 같은 내용입니다. 이것은 열정과 효율, 예산의 문제이기도 합니다. 게다가 마음 맞는 대행사와 프리랜서를 찾기도 그리 쉽지는 않습니다. 이때 가장 중요한 해결 포인트는 지속가능성입니다. 누적 마케팅 효과를 보기 위해서 디지털 마케팅은 지속성을 가져야 합니다.

저도 광고대행사를 운영하지만, 광고대행사의 가장 큰 미덕은 고객에게 연속성과 지속 가능성을 이야기하고 실제로 유도하는 일입니다. 많은 고객이 마케팅을 통한 빠른 효과와 전환을 꿈꿉니다. 때로는 고객이 먼저 마케팅에 과감한 예산과 기간 베팅을 할 때도 있습니다. 그런데 빠른 결과를 위한 모험이 실제로는 여러 부작용을 나타내고 마는 것을 저는 필드에서 많이 보았습니다. 물론 광고대행사 역시 수익적인 면을 고려해 고객에게 과감한 투자 유도를 할 때도 있을 것입니다. 그러나 마케팅에서 무리한 베팅은 좋지 않습니다. 오히려 B2B 마케팅은 일상과 같다고 생각하고 진행하는 것이 더 좋습니다. 마케팅을 베팅하듯 짧게 하고 금방 중단하는 것보다 꾸준히 하는 것이 누적 마케팅으로 효과를 얻을 수 있습니다. 또한 B2B 마케팅 광고대행사를 선택할 때는 동종업계 마케팅 경험이 있는 대행사나 마케터와 함께 하는 것이 더 큰 도움이 될 것입니다.

캠페인 후처리 대응법

B2B 마케팅이 기업 내부에서 부서 간에 어떻게 조화를 이루어야 하는지, 그 시너지가 매출에 어떻게 기여하는지에 대해 현장에서 겪은 사례를 가지고 설명해 보겠습니다. C기업과 D기업은 동일한 직업교육 분야에서 직무교육 상품을 판매하고 있었습니다. 심지어 두 회사의 물리적 거리도 멀지 않았고 규모도 비슷했으며 직원 중에는 상호 이직한 케이스도 있어서, 두 기업은 서로를 잘 알고 있었습니다.

해당 교육 상품은 1개월 동안 직무 관련 교육을 하는데 수강료가 100만 원을 넘을 만큼 고가였습니다. 약간의 시차를 두고, C기업과 D기업은 매출 증가를 위해 저희 회사에 디지털 마케팅 의뢰를 해왔습니다. 두 회사의 상품 판매방식과 마케팅 방법은 거의 동일한 상황이었습니다.

저는 먼저 소셜 미디어를 통해 해당 업종 종사자를 직업군으로 타기팅해서, 해당 교육업체가 주최하는 공개강좌에 초대했습니다. C기업과 D기업 모두 자사의 대표적인 유명 강사가 강의하면, 교육 상품을 구매할 사람은 공개강좌 후에 결제하고 수강 신청을 하는 형태로 진행하는 방식이었습니다. 두 기업 모두 거의 동일한 프로세스로 진행하고, 공개강좌의 커리큘럼도 거의 같았지만 의외로 매출 성과가 아주 다르게 나왔습니다. C기업은 D기업의 몇 배에 달하는 매출을 올렸고, 심지어 계속해서 그런 결과가 나왔습니다. 두 회사가 거의 동일한 마케팅을 했음에도 불구하고 왜 이렇게 다른 결과가 나왔을까요?

우선 C기업은 세일즈팀에서 자체 콜센터를 운영하고 있었기 때문에, 소셜 미디어 마케팅으로 들어온 가망 리드에 대응한 문자 발송 시나리오와 콜 응대 시나리오, 해당 공개강좌의 착석률을 높이기 위한 활동까지, 업무 프로세스를 세일즈팀과 함께 진행하고 있었습니다. 반면에 D기업은 콜센터 없이 세일즈 조직만 있었습니다. 그러나 단지 콜센터의 유무가 결정적인 차이점은 아니었습니다. 두 회사의 결정적 차이는 마케팅 결과를 더 효율적으로 활용할 수 있는 프로세스와 조직에 대한 고민의 정도 차이였습니다. 좀 더 자세하게 이야기해보겠습니다.

저는 콜센터의 존재 여부를 파악한 후, 두 회사가 광고 집행 후 매출을 만들기 위한 활동을 어떻게 하고 있는지 궁금해졌습니다. B2B 마케팅은 현장에 답이 있고, 현장을 살피는 일은 매우 중요합니다. 물론 해당 기업의 필드 경험 정도뿐만 아니라 필드 상태와도 많은 관련이 있습니다. 저도 행사 마케팅이 있으면 광고뿐만 아니라 현장에 나가서 직접 눈으로 점검하는 습관이 있습니다. 만약 광고가 큰 실효를 얻지 못했다면 그 이유는 광고가 아니라 광고 이후의 후처리에 문제가 있는 경우가 많기 때문입니다. 거의 동일한 성격의 마케팅을 진행했는데 왜 차이가 날까? 결과를 확인하기 위해 둘러본 현장은 C와 D 두 기업의 격차가 클 수밖에 없음을 여실히 보여주고 있었습니다.

D기업의 공개강좌에 갔을 때는 현장에 참석자를 위한 부스조차 제대로 갖춰놓지 않은 모습이었습니다. 물론 D기업도 테이블에 안내 전단을 올려놓았고 담당자가 서 있었지만 사람들의 관심을 받기 힘든 디자인과 구성이었습니다. 반면 C기업은 누가 오더라도 출석부에서 대기시간 없이 바로 볼 수 있도록 펼쳐두고 참석자를 기다리고 있었으며 컨설턴트 명찰을 달고 있는 전문 상담직원이 현장 응대를 하고 있었습니다. 더군다나 D기업은 출석을 확인하는 안내데스크에 아무도 없었고, 담당 마케팅 직원들은 행사장 커피 맛을 점검하고 본사 임원으로 누가 오는지 서로 문자로 체크

하는 등 B2B 마케팅의 본질이 아닌 외적인 것에만 집중하고 있었습니다.

저는 가망 고객인 것처럼 해서 C기업과 D기업의 공개강좌를 현장에서 직접 들어보았습니다. C기업은 강사의 강의뿐 아니라 수강을 설득하는 컨설턴트들부터 해당 직무교육을 유료로 수강하면, 수료 후에 본인의 직무에 어떤 도움이 되는지, 수료 후에 일어날 현장 실무, 이직, 성취에 대해서도 더 많이 언급하고 있었습니다. 동일한 수의 공개강좌 참석자라 하더라도, 강의 수강 후에 어떤 이점이 있을지 자세히 언급하는 것은 잠재고객의 기대 심리를 자극해서 유료 결제에 상당히 큰 차이를 낳게 됩니다.

공개강좌가 끝난 다음 B2B 마케팅팀의 대응에도 차이가 있었습니다. 이미 결과는 독자 여러분의 예상과 같습니다. D기업은 '공개강좌가 끝났으니 할 수 있는 것은 다 했다. 이제 수강 신청을 기다리자.'라는 식인 반면 C기업은 공개강좌를 듣고 현장에서 바로 결제할 수 있도록 핸드폰에 연결하는 신용카드 단말기를 준비해서 즉석에서 수강 신청과 결제를 받았습니다. 현장 결제를 하는 고객은 100만 원의 수강료에서 20% 할인 혜택을 줬습니다.

게다가 현장 결제를 하지 않고 설문지만 남기고 돌아간 잠재고객 그룹과 공개강좌 신청은 했지만 현장에 오지 않은 그룹을 대상으로 추가 마케팅도 했습니다. 공개강좌 후 일주일 동안 '컨설팅 위크'라는 캠페인을 만들고 모든 접수자들을 위해 일주일간 어떤 시간이든 C사 본사로 교육에 대한 상담을 받으러 오더라도, 현장에서 공개강좌를 듣지 못했더라도 컨설팅을 해주겠다고 다시 문자메시지를 보내서 신청 DB를 활용해 추가적인 노력을 하였습니다. C기업의 이런 후속 조치는 상당히 중요합니다. 광고대행사에서 흔히 말하는 'DB를 소중히 여길 줄 아는 기업'의 전형입니다.

   C기업이 업무 프로세스에서 디지털 마케팅을 접목해 진행한 것이 바로 B2B 세일즈에서 말하는 파이프라인 관리입니다. B2B 마케팅에서 세일즈 퍼널 단계마다 디지털 마케팅을 접목하고, 프로세스가 디테일하면 할수록 성공 확률도 더 높아집니다. 제가 강조하고 싶은 것은 디지털 마케팅을 접목한 B2B 마케팅에서는 마케팅 캠페인 사이사이마다 매끄러운 조직적 지원과 캠페인 이후 마케팅 효과를 극대화할 대응까지 필요하다는 점입니다. 꼭 참고하도록 하였으면 좋겠습니다.

부서 협업이 안 될 때

B2B 마케팅이 기업의 주력 매출 창구라면, B2B 마케팅 진행에서 가장 중요한 것은 관련 부서의 협업입니다. 부서 협업이 제대로 이루어지지 않을 때, 디지털 마케팅 효과를 기대하기 어렵고 흔히 말하는 밑 빠진 독에 물 붓기일 때가 많습니다.

   실제 필드에서 경험했던 예를 하나 소개해보겠습니다. E기업에서는 B2B와 B2C로 생활용품을 동시에 판매하고 있었습니다.

B2B 부서와 B2C 부서가 각각 마케팅 활동을 하고 B2B 제품 가격은 외부에 공개하지 않았습니다. B2B는 본사 직판이 아니라 파트너 총판 체제로 판매하고 있었기 때문에 총판에서도 여러 가지 세일즈와 마케팅 활동이 일어나고 있었습니다. E기업 본사에서는 제품을 총판으로만 전달하고 총판에서 다시 대형 마트와 각종 온라인 쇼핑몰에 납품하고 있었으며 각 총판마다 담당하는 마트와 온라인 쇼핑몰은 달랐습니다. 그런데 문제는 B2B 부서가 총판을 제대로 컨트롤하지 못했다는 점입니다.

본사 B2B 부서에서 어떤 마케팅 캠페인을 총판으로 전달해도 총판에서 협조를 하지 않아서 해당 캠페인이 적시에 정확한 메시지로 진행되지 않았고, 본사에서 지정한 할인율도 시장에서 일관되게 적용하지 못했습니다. E기업 제품은 네이버 쇼핑 검색에서 제품 가격을 검색할 수 있었는데 동일 제품의 가격이 천차만별로 다르게 노출되고 있었으며 오프라인 몰도 마찬가지였습니다. 이런 상황에서 외부 광고대행사에 B2B 브랜딩 캠페인을 의뢰했습니다. 과연 효과는 잘 나왔을까요?

B2C 부서에서 소비자를 대상으로 새로운 마케팅 캠페인을 기획하고 실행하는 일도 심지어 사전계획조차 제대로 수립하지 않은 상태에서 B2B 부서에는 알리지 않고 시작하는 등 상당히 즉흥적인 면이 있어서 별로 효과가 없었습니다. 총판에서 이미 온오프라인으로 세일 홍보를 하는 제품인데 그보다 더 큰 세일을 본사에서 직접 운영하는 자사 브랜드의 온라인 쇼핑몰에서 진행하고 홍

보실에서 보도자료를 배포하는 일도 있었습니다. 이로 인해 온라인 판매 사이트 댓글을 모니터링해보니 본사의 일관성 없는 정책에 대해 소비자가 글을 올리는 등 시장의 반응에도 영향을 미치게 되었습니다.

시장의 반응과 가격이 혼란을 보이자 E기업 대표는 관련 부서 임원들을 질책했고 B2B 부서와 B2C 부서는 사내에서 시장 혼란과 실적 부진 이유에 대해서 서로 비방하고 협업하지 않는 상황이 되어버렸습니다. B2B 부서와 B2C 부서의 부서장은 서로 업무협조를 하지 않았고 직원들도 아무런 정보 공유를 하지 않았습니다. 그러자 아예 조직 문화가 부서 간 정보 공유나 협업을 시도하지 않는 단계까지 가게 되었습니다.

이와 같은 구조적인 문제가 있는 경우 디지털 광고대행사가 아무리 좋은 마케팅 도구와 캠페인을 제안해도, 현실적으로 진행하기가 어렵습니다. 전사적인 캠페인을 기획해도 부서 협조가 안 되면 일을 할 수 없는 것입니다.

앞서 말씀드렸다시피 B2B와 B2C는 따로 있지 않으며 뭉쳐 있을 때 효과가 나옵니다. 그렇지 않으면 똑같은 일을 두 번씩 해야 하고 마케팅 인력과 리소스도 두 번 이상 동원해야 하기 때문에 전사적으로 상당히 큰 낭비입니다. 그런데 B2B와 B2C 부서의 협업이 되지 않고 부서 간의 단절이 있는 회사가 아주 흔합니다. 만약 이 책을 읽고 계신 분이 기업의 CEO 또는 B2B와 B2C를 관리하는 책임자라면 우리 회사의 B2B 부서와 B2C 부서가 잘 협업하고 있는지 반드시 체크해 보기를 권장합니다.

제안서와 제안 발표 없는 마케팅이 승자다

제가 필드에서 많이 마주하는 고객의 B2B 마케팅 실수는 B2B는 조직을 타기팅한다는 이유로 조직에 속한 개인, 즉 조직원을 소홀히 한다는 것입니다. 이런 접근은 'B2B는 B2C와 다르다'는 거시적인 관점에서 기인합니다. 하지만 제 경험으로 볼 때 현실은 그렇지 않습니다. B2B 마케팅과 세일즈는 조직이 아니라 조직에 속한 사람에게 영향력을 끼치는 활동입니다. 조직에 속한 사람에게 영향력을 끼쳐서 구매 전환을 일으키는 것이 바로 B2B 마케팅입니다.

그렇다면 정확하게 어떤 사람에게 영향을 끼쳐야 할까요? 되도록 빨리 의사 결정 할 수 있는 사람, 조직의 피라미드 구조에서 가능한 위에 있는 사람에게 영향을 끼쳐야 합니다. 즉 하이레벨에 영향을 끼쳐야 합니다.

디지털 마케팅에서 B2B를 타기팅한다는 것은 그 조직에서 우리 제품이나 서비스를 구매하기로 결정할 수 있는 조직원, 즉 사람에게 영향을 끼쳐야 하며 의사 결정자까지 한 번에 다가갈 수 있는 마케팅 방법을 찾아야 합니다. 한 번에 다가갈 수 있는 영업 방법이란 무엇일까요? 하이레벨에서 한 번에 의사 결정을 해주면 가장 좋을 것입니다. 그러면 의사 결정이 간단한 B2B 조직은 어떤 조직일까요?

예를 하나 들어보겠습니다. 저희 회사는 병원 마케팅을 많이 하는 편입니다. 병원이 새로운 환자를 유치할 수 있도록 주변 지역 혹은 전국의 가망 환자들에게 마케팅을 대행하는 일입니다. 우리가 아는 것처럼 병원에도 다양한 규모가 있습니다. 원장님 한 분과 간호사 한 분만 있는 동네 병원부터, 여러 개의 빌딩과 수백 명의 의료진이 있는 대형 병원까지 규모가 천차만별입니다.

여러분이 병원에 무엇을 납품하는 B2B 세일즈와 마케팅을 한다고 가정해봅시다. 예를 들면 주사기나 붕대든 어떤 물건을 납품한다고 하면, 난이도 측면에서 어떤 규모의 병원이 마케팅하기 더 쉬울까요? 어떤 병원과 계약하면 매출이 더 높을까요?

동네 병원은 키맨이 한 명입니다. 원장님께 좋은 제안을 하고, 설득한다면 원하는 결과를 바로 얻을 수 있습니다. 마케팅과 세일즈가 상대적으로 쉬운 편입니다. 어쩌면 마케팅은 필요 없고, 다이렉트 세일즈만 있으면 될지도 모릅니다. 그러나 대형 병원은 결재 라인을 타거나, 수직적으로 보고서, 견적서 기안 같은 것을 올려야 할지도 모릅니다. 여러분이 열심히 제안했지만 어느 부서에서 진행이 막혔는지 진도가 더 나갔는지 알 수 없을 가능성도 많습니다. B2B 마케팅에서 이것은 매우 중요합니다.

제가 전통적 방법이 아닌, 디지털 마케팅을 통해 B2B 마케팅을 하자고 주장하는 이유가 바로 이 때문입니다. 기본적으로 동네 병원의 원장님을 대상으로 마케팅을 하는 것이 더 쉬울 것이고, 디지털 마케팅을 활용한다면 금액이 적더라도 많은 숫자의 계약을 할 수 있습니다.

그러면, 대형 병원을 공략하려면 어떻게 해야 할까요? 마케팅과 세일즈는 확률 게임이라고 볼 수 있습니다. 결재 라인을 많이 탄다는 것은 확률이 줄어든다는 말과 똑같습니다. 결재 라인에는 아군도 있겠지만, 적군도 있을 것입니다. 어쩌면 우리를 선택하는 기안이 중간에 묻혀버릴 가능성도 큽니다.

마케팅에서는 제안서와 제안 발표 없이 승리하는 것이 가장 위대한 승리라는 말이 있습니다. 제안서와 제안 발표 없이 조직의 영향력 있는 구성원에게 바로 도달하도록 타깃 마케팅을 해 보시기 바랍니다. 승리 확률을 높일 수 있는 방법을 찾아야 합니다. 그것은 곧 의사 결정 단계를 좁혀야 한다는 뜻이며, 우리가 디지털 마케팅을 하는 이유입니다.

온오프라인 하이브리드 마케팅

B2B 영업과 세일즈의 특징은 전환 숫자는 B2C보다 상대적으로 적고, 마케팅 기간은 길며, 광고를 진행하고 결과가 나오기까지 시간도 많이 걸리는 편입니다. 그리고 세일즈 파이프라인 역시 긴 편입니다. 상당히 긴 시간 동안 고객의 확정 응답을 기다려야 하는 때가 많습니다. 어떻게 보면 B2B는 땅에 씨를 뿌리는 농부 같습니

다. '왜 빨리 우리 물건을 사지 않을까?' 생각하기보다 상황의 변화를 기다리는 편이 좋습니다. 이왕이면 여러 타깃 고객에게 병렬적으로 활동을 진행하면서 결과를 기다리는 게 좋습니다. 이렇게 여러 타깃 고객에게 동시에 활동하기에 좋은 것이 바로 디지털 마케팅입니다. 그렇다면 디지털 마케팅으로 여러 고객에게 활동한다는 것은 어떤 의미일까요? 씨를 뿌리는 활동은 무엇이고, 거둬들이는 활동은 무엇이며, 기다리는 동안은 구체적으로 어떻게 해야 할까요?

사실 B2B 마케팅의 업무가 100% 디지털화되지는 않았습니다. 디지털 마케팅의 많은 기법을 이용해 접점을 늘리는 것은 가능하지만, 견적서를 주고받고, 세금계산서를 발행하고, 납품하는 것까지 모든 활동의 디지털화가 100% 이뤄진 것은 아닙니다. 그래서 온라인과 오프라인이 함께 가는 하이브리드 방식의 접근이 중요합니다. 디지털을 통해서 접점을 늘리고, 일부 업무를 자동화하고, 늘어난 시간을 대면 상담 같은 전통적 오프라인 방식으로, 활용하는 것이 좋습니다. B2B에서 볼 때 온라인 마케팅을 조직과 프로세스에 결합할 때 가장 큰 시너지 효과가 나오는 것을 경험하게 됩니다.

저희 회사 사례를 소개해 보겠습니다. 저는 원래 컴퓨터 회사의 B2B 기술영업 컨설턴트로 오래 근무했습니다. 그리고 광고대행사를 시작했는데 디지털 마케팅은 새로운 분야였기 때문에 기존 고객을 보유한 다른 광고대행사보다 고객 접점이 적었습니다. 우선 가장 먼저 해볼 수 있는 것을 찾아보니 제가 컴퓨터 회사 출신이라 IT 직종의 광고주부터 공략하는 것이 상대적으로 용이하다고 판단했습니다. 당분간 회사를 유지할 매출은 잘 아는 분야인 IT 분야로 집중하고, 금융, 유통, 의료, 제조, 교육 등 새로운 광고 영역에서는 온라인 마케팅 부서가 없는 오프라인 광고회사와 종합 광고대행사를 대상으로 B2B 마케팅을 진행했습니다. 오프라인 광고대행사 명함을 뿌리고, 이메일을 보내고, 광고업계 사람들을 대상으로 타깃 광고를 하였습니다. 이렇게 씨를 뿌리는 활동을 하고, 책을 출판하고, 업계 사람들을 대상으로 무료로 소셜 미디어 강의를 진행했습니다.

제게는 강의가 뿌려놓은 씨앗을 거둬들이는 활동이었습니다. 광고와 이메일로 접점을 형성한 사람들을 한 명씩 만나려면 시간이 너무 많이 걸려서 공개 세미나를 통해 한꺼번에 많은 사람을 만나는 전략을 썼습니다. 그리고 회사에 영업을 위한 콜센터를 설치하고 영업을 담당할 임원을 두고 늘어난 잠재고객을 커버할 접점을 늘리는 전략을 썼습니다. 서너 명밖에 되지 않는 조직이었지만, 광고와 강의를 통해 접점을 만들고, 콜센터와 영업조직으로 조직을 구성한 다음부터 큰 시너지 효과가 나오는 것을 실제로 경험했습니다. 디지털 마케팅 필드도 첫 대면부터 계약까지 최소 한 달 이상 시간이 소요되는 B2B 분야이므로 복수의 프로젝트를 동시에 진행하고 있습니다.

B2B 기업이 B2C를 만날 때

과거에는 본사는 생산을 담당하고 파트너가 B2C를 담당하며 생산자인 본사는 B2B 유통만 진행하던 방식이 많았습니다. 하지만 최근에는 생산자가 직접 B2C 시장에 뛰어드는 경우가 늘어나는 추세입니다. 유통구조를 단순화해 소비자가 더 많은 매력을 느끼게 하려는 이유입니다. 또한 산업 대부분에서 가격경쟁이 많고 구조적 변화로 생존 자체가 어려워지는 경우가 많기 때문에 B2B 매출을 고민하는 많은 생산자가 더 이상 B2B만 하지 않는 경우가 발생하고 있습니다. 그런데 상대적으로 큰 금액의 B2B 거래를 많이 하던 B2B 기업들은 B2C를 가볍게 여기는 마음가짐 때문에 사고가 나는 경우가 많습니다.

헤어스프레이 등 미용용품을 생산하는 업체 R기업을 예로 들어 보겠습니다. R기업의 B2B 마케팅이라고 하면 미용실에 스프레이를 공급하는 것을 생각할 수 있습니다. 반대로 B2C 마케팅이라고 하면 최종사용자인 소비자에게 직접 헤어스프레이 제품을 판매하는 것입니다.

R기업은 제조를 하고 있기 때문에 저 정도 단가면 소비자에게도 어필할 수 있다는 자신감이 있었습니다. 또한 자사 제품을 공급해온 총판 및 파트너와 경쟁해야 하는 갈등의 소지도 비교적 적었습니다. 그래서 R기업은 온라인 쇼핑몰을 만들어서 일반 고객들에게 직접 판매하는 전략을 선택했습니다.

그러나 지금까지 B2B 기업이었던 R기업이 B2C를 조직에 내재화하기란 쉽지 않았습니다. 조직의 체질상 작고 디테일이 중요한 B2C 마케팅에 그동안 B2B에만 익숙해진 담당자들이 제대로 적응하지 못했기 때문입니다. 한참의 시행착오 끝에 광고대행사를 찾게 되었고 저와 미팅을 가졌습니다.

B2C 담당 팀장은 B2B 제품 생산과 수입 등에만 너무 익숙하다 보니, B2C 마케팅에 제대로 적응할 수 없다고 호소했습니다. 이게 무슨 의미일까요? B2C에 익숙하지 않다는 말은, 예를 들면 전문가만 보는 오프라인 잡지에만 광고를 한다거나, 마케팅 담당 직원은 없고 영업사원만 영업하는 경우, 마케팅 관련 업무를 하는 조직이 본사에 거의 없거나, 매년 출품하는 B2B 박람회에 습관적으로 등록 신청하고 출점하는 것 같은 마케팅 방식에 익숙해져 있다는 뜻입니다. 그래서 다른 방식의 마케팅은 해본 적도 거의 없기 때문에 방법을 찾지 못하고 시행착오를 거듭하고 있었습니다.

R기업은 제가 필드에서 만난 많은 기업처럼 딱 그렇게 제품만 공급할 수 있는 정도까지인 케이스였습니다. 특히 공장을 보유하고 위탁가공으로 자사 물품을 OEM 및 ODM 방식으로 파트너에게 공급하던 생산자가 B2C 시장에 들어갈 때 생산자 특유의 투박함 때문에 실패하는 사례를 무수히 보게 됩니다. B2B 특유의 투박함이란 무엇일까요? B2B에 오래 머물러온 기업은 특유의 무뚝뚝함이 있습니다.

마치 협력업체를 대할 때처럼 소비자를 대하면서 온라인 시장에 접근하니 어려울 수밖에 없습니다. 온라인 판매를 위한 상세페이지를 제작해도 B2B만 해오던 입장에서는 B2C 기업보다 친절하지 못하고 디테일도 부족하기 쉽습니다. 또한 B2C 디지털 마케팅에 익숙해지는 데 시간이 걸리고, 마케팅에 디테일을 가져가는 데 부담을 많이 느끼는 것 등이 B2B에 익숙했던 기업에서 나타나는 대표적인 현상입니다.

분명 바람직한 현상은 아닙니다. 그러나 마케팅에서 익숙함을 떨쳐낸다는 것은 생각만큼 쉽지 않습니다. B2B 기업이 디지털 마케팅에 익숙하지 않고 실패를 거듭하는 경우, 여러 가지 선택이 있을 수 있겠지만 내부 조직원의 역량 향상을 위한 교육도 좋은 방법입니다. 실제로 저 역시 조직의 역량 강화를 위한 교육 의뢰를 종종 받고 있습니다. 또는 직원을 소개해 달라는 요청도 많습니다. 직원을 새롭게 채용하는 것도 방법이지만 디지털 마케팅의 필요성을 느끼고, 잘 바뀌지 않는 기존 조직을 새롭게 바꾸려는 역량 강화 교육을 더 강조할 필요가 있습니다. 저는 역량 강화 교육 의뢰를 받으면 주로 현재 시장 트렌드, 비즈니스 모델, 마케팅 도구, 검증 및 성과 측정 등의 구성으로 교육을 진행하고 있습니다.

조직에 B2C 마케팅 DNA를 빨리 이식해 줄 경험 많은 담당자 혹은 외주 대행사와 함께 마케팅 업무를 수행할 것을 권합니다. B2B만 해왔던 기업이 B2C로 바로 진출하고, 마케팅 성과도 낸다는 것은 어려운 일입니다. 그간 많은 기업이 겪는 실패를 반복하지 말고, 처음부터 시행착오를 회피할 수 있는 전략을 선택하기 바랍니다.

B2B 기업을 위한
디지털 마케팅 프로세스 구축 4단계

● 1단계 : 채널 구축 (홈페이지/ 공식 블로그 & 소셜 미디어 채널/ 판매 채널)

① 홈페이지 제작 : 디지털 마케팅의 중심은 홈페이지여야 합니다. 화려하지 않더라도 PC 및 모바일을 지원하는 홈페이지를 갖추시기 바랍니다. 해외를 타깃으로 하는 경우에는 당연히 영문 홈페이지가 필요합니다. 블로그, 페이스북 등의 SNS 채널을 공식 홈페이지를 대체하는 용도로 사용하지 않으셔야 합니다. 해당 거래처의 공식 홈페이지를 찾는 B2B 기업이 많기 때문에 필요합니다. 또한 홈페이지를 제작할 때는 판매 상세페이지도 함께 제작하는 경우가 대부분입니다.

② 공식 블로그 & 소셜 미디어 채널 제작 : 홈페이지에는 공식 자료와 연락처 등 정적 자료가 들어갑니다. 그래서 공식 블로그는 홈페이지보다 동적이고, 유행에 민감한 자료, 최신 자료, 소프트한 자료 등을 올리기 적합합니다. 또한 유튜브 채널은 기업과 제품의 시연 및 소개 영상을 올리기 적절하며, 이미지 중심의 최신

자료를 업로드하기에는 페이스북 같은 소셜 미디어 채널이 좋습니다.

③ 판매 채널 : B2B에서 가격을 공개하고, 대량구매 고객과 소량구매 고객의 차이를 두지 않을 경우 자사몰을 개설해 판매하는 것이 일반적입니다. 카페24, 고도몰, 메이크샵과 같은 자사몰을 개설해서 옥션, G마켓, 11번가 같은 오픈 마켓에도 입점합니다. 반면 가격을 공개하지 않고, 소수의 파트너에게만 제품을 공급하며 대량구매에 따른 할인정책을 사용하는 경우는 직접 마켓 플레이스를 구축하는 경우가 더 많습니다.

2단계 : 캠페인의 진행

① 잠재 고객 페르소나 만들기 : 타깃 광고를 진행하기 위하여 해당 B2B 고객의 연령, 성별, 직함 등을 미리 정의해 봅니다.

② 차별화 포인트로 브랜드 메시지 만들기 : 온라인 마케팅에서 우리 회사를 유니크하게 표현할 차별화 포인트를 메시지로 정리합니다. (중요!)

③ 홍보 활동 : 사전에 정의한 타깃 가설에 의하여 타깃이 가능한 광고 도구로 타깃 광고를 시작합니다. 보도자료는 사전에 관련 업계에서 활동하는 기자의 이메일을 언론 기사 검색을 통해 확

보해두고, 새로운 제품과 서비스가 출시되는 시점에 송출합니다. 이 시점에 브랜딩 광고도 시작합니다.

3단계 : 리드 확보 및 영업

2단계까지는 디지털 마케팅 도구의 역할이 크며 3단계부터는 오프라인 영업의 병행이 필요합니다. 확보된 리드로 유선 연락을 하거나 세미나 개최, 대면 미팅 등을 진행해서 개별 영업 기회를 클로징합니다. 대면 미팅 없이 클로징할 수 있다면 해도 됩니다.

4단계 : 성과분석 / 전략조절

회사별로 미리 정의한 KPI에 의해 성과를 측정하고, 구글 애널리틱스 같은 디지털 광고 성과 측정 도구를 사용해 성과를 측정합니다. 부족한 부분을 찾아내고, 이를 극복할 전략을 수립합니다. 클로징되지 않은 B2B 영업 건에 대하여는 백업 전략을 세워서 재도전합니다.

제2부

★ ★ ★

B2B 마케팅 전략과 도구

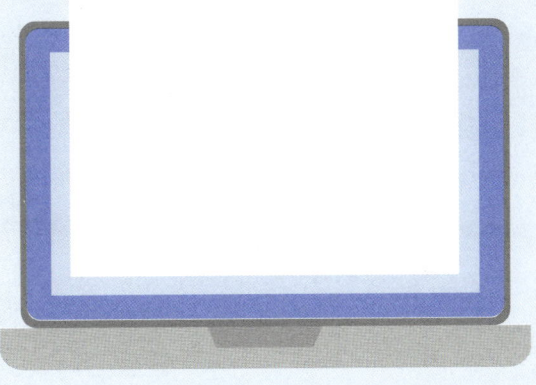

B2B MARKETING
WINNING STRATEGY

3장 .. B2B 타기팅이란

B2B 광고와 타기팅

먼저 B2B 광고에서 타기팅이 어떤 의미인지 알아봅시다. 타기팅 광고를 한다고 하면, 국내 비즈니스 기반의 타기팅 광고는 링크드인이 아닌 페이스북을 이용하는 것이 일반적입니다. 하지만 해외에서는 대부분 링크드인을 활용해 비즈니스 타깃 광고를 하고 있습니다. 링크드인이 국내에서 가지는 한계는 역시 적은 인구 모수입니다. 링크드인은 영어를 사용해야 어느 정도 잘 활용할 수 있는 비즈니스 소셜 미디어인데 국내 링크드인 사용자는 상대적으로 숫자가 적은 편입니다. 그럼에도 다른 용도와 타깃으로 링크드인을 충분히 사용할 수 있기 때문에 여기에 대해서는 5장에서 다시 말씀드리겠습니다.

현재로서는 페이스북 마케팅이 국내 소셜 미디어 중에서 가장

B2B 기업의 인스타그램 사례 : 철강기업 포스코

유리한 타기팅 도구라고 말할 수 있습니다. IBM, 오라클과 같은 글로벌 IT 기업도 페이스북 타기팅을 하고, 저희 회사에서도 글로

벌 IT 기업이 B2B 마케팅을 의뢰해 왔을 때 역시 페이스북 타깃 광고를 활용해서 진행한 적이 있습니다.

인스타그램 역시 페이스북 타깃 마케팅의 일부입니다. 2012년 페이스북이 인스타그램을 인수한 다음부터 인스타그램은 페이스북 메신저와 같은 페이스북 안의 광고 플랫폼이 되었습니다. 따라서 인스타그램은 페이스북 마케팅의 일부라고 생각하면 되겠습니다. 광고 지면의 의미로 보아도 인스타그램은 B2B 마케팅의 훌륭한 도구입니다.

제가 필드에서 경험한 바로는 많은 기업이 인스타그램과 유튜브를 가볍게 여기거나 개인용 채널이라고 생각해 적극적으로 활용하지 않는 모습을 많이 보았습니다. B2B 마케팅이라고 해서 유튜브와 인스타그램을 광고 및 공식 채널에서 제외하지 않았으면 합니다. B2B라도 타기팅 도구로 보여주는 전환율을 분석해 보면 인스타그램과 유튜브의 효과가 아주 훌륭하기 때문입니다.

페이스북, 인스타그램 광고 설정 중에 특히 B2B 영역에서 많이 하는 타기팅 설정은 전공 및 직업입니다. 특정 전공에 대한 타기팅은 B2B 마케팅에서 훌륭한 도구입니다. 특정 전공자가 해당 분야의 B2B 담당자일 가능성이 높기 때문입니다. 소셜 미디어에 따라 전공 타기팅은 있기도 하고 없기도 합니다. 페이스북도 타깃 설정이 자주 변경되기 때문에 꼭 해당 타깃을 찾아보고 진행하기 바랍니다. 100% 확실한 것은 아니지만 특정 전공을 한 사람들이 해당 산업에 종사하는 경우가 많다고 가정해볼 수 있습니다. 예를 들어

조선업을 대상으로 하는 B2B 타기팅에는 조선 공학 전공자가 조선업에 종사할 가능성이 많다고 보고 타기팅하는 것입니다.

  B2B 타기팅의 의미 있는 또 한 가지 중요한 타기팅 기법은 직업, 직급 또는 직함 타기팅입니다. 페이스북과 인스타그램에서는 직업, 직급과 직함 타기팅이 가능합니다. 만약 여러분의 B2B 제품과 서비스가 쉽게 도입할 수 있는 가격대가 아니라서 반드시 팀장급 이상 혹은 CxO 레벨을 거쳐야 구매 가능하다고 가정하면 주니어 타기팅은 별다른 의미가 없습니다. 해당 기업에는 실무진도 있을 것이고 팀장과 임원, 대표이사가 있을 것입니다. 그런데 우리가 판매하고자 하는 업무 개발 소프트웨어가 낮은 단가가 아닐 경우에는 실무진보다 임원이나 CEO 레벨을 공략하는 것이 더 의미 있을 것입니다. 만약 소셜 미디어에서 직급, 직함 타기팅이 안 되는 경우에는 가능한 만큼만 타기팅을 걸고, 거기에 연령 타기팅을 더하면 됩니다. 예를 들면 사원, 대리, 과장급 연령대의 사람들은 제외하고, 연령대를 높여서 타기팅하는 것입니다. 물론 브랜딩에서는 전체 연령대를 포함한 직급에 대한 타기팅도 의미가 있겠지만, 주니어 레벨의 타기팅이 의미 없다고 판단될 경우는 제외할 수도 있다는 뜻입니다. 그러나 여러분의 제품과 서비스에 대해 낮은 직급의 담당자도 의사 결정할 수 있다고 한다면 연령 타기팅은 큰 의미가 없습니다.

페이스북, 인스타그램의 CIO 직급 타기팅

대한민국	
◉ 대한민국	
포함 ▼ │ 위치를 더 추가하려면 입력하세요.	찾아보기

[지도 이미지: 한국 지역 선택]

위치 일괄 추가

연령 ❶ 30 ▼ - 55 ▼

성별 ❶ 전체 남성 여성

언어 ❶ 한국어 ✕
언어 입력

상세 타게팅 ❶ 다음 중 하나 이상과 일치하는 사람 포함 ❶

인구 통계학적 특성 > 직장 > 직업
Chief Information Officer (CIO)

인구 통계학적 특성, 관심사 또는 행동 추가 │ 추천 │ 찾아보기

타겟 제외 또는 타겟 좁히기

☐ Expand interests when it may increase 링크 클릭 at a lower cost per 링크 클릭. ❶

B2B 마케팅에서 지역 타기팅은 비용대비 효과의 측면에서 아

주 중요합니다. 한국적인 특수성을 감안할 때 지역 타기팅에서 특히 중요하게 생각할 지점이 있습니다. 바로 수도권과 비수도권의 차이입니다. 타기팅 광고는 인구통계학적 알고리즘에 근거하기 때문에 대도시로 갈수록 입찰 경쟁이 심해집니다. 우리나라는 수도권이 경제의 중심이기 때문에 B2B 기업의 본사 역시 수도권 지역에 밀집해 있습니다. 여러분이 타기팅하는 B2B 기업도 마찬가지일 것입니다.

그래서 우리나라는 타기팅 광고를 하기가 상당히 까다로운 편에 속합니다. 인구의 50%가 경기, 인천, 서울에 몰려 있습니다. 따

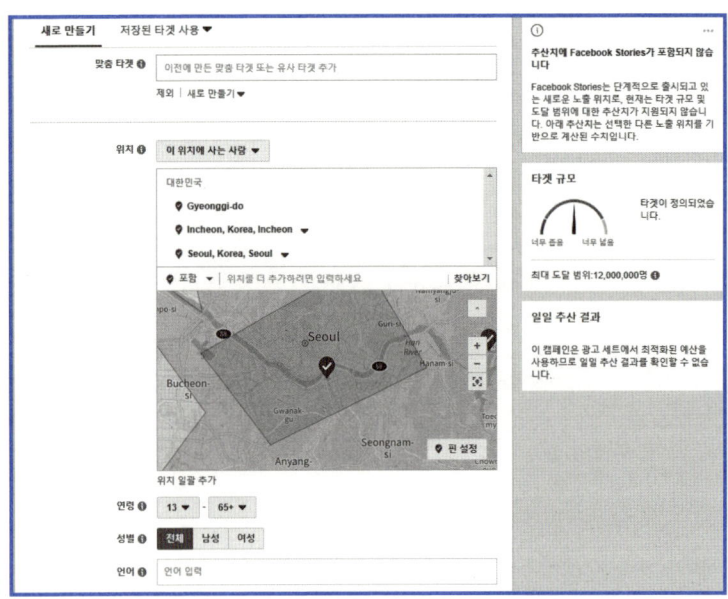

페이스북, 인스타그램의 수도권 타기팅

라서 B2B 타깃 광고를 할 때, 수도권으로 할 것인지, 비수도권으로 할 것인지, 전국으로 할 것인지를 잘 결정해야 합니다. 소셜 미디어를 통해 실제로 입찰해 보면 비수도권 단가가 더 저렴함을 쉽게 알 수 있습니다. 그래서 여러분의 잠재고객이 수도권에만 있다면 광고 단가는 비교적 상승할 것입니다.

예를 하나 들어보겠습니다. 저희 회사는 의료와 병원, 프랜차이즈, 교육기업의 비중이 50%가 넘고 고객의 대부분이 수도권에 본사를 두고 있습니다. 한 건의 B2B 계약을 위해 최소한 2회 이상의 미팅이 필요하기 때문에 저나 영업 담당자가 원활하게 방문 미팅을 하기 위해서도 수도권 고객에게 광고하는 것이 유리합니다. 따라서 저는 수도권에만 타깃 광고를 하고 있습니다.

반대로 여러분이 조선업 종사자가 사용하는 특수한 절단 공구를 개발해서 타깃 마케팅을 한다고 하면, 울산, 광양 등 중공업이 활발한 도시에 타깃 광고를 해야 할 것입니다. 제가 직접 경험한 타기팅 광고 중에 중소기업청에서 나온 소프트웨어 도입 정책자금을 활용하는 건이 있었는데 이것은 산업단지 입주기업에만 적용되는 정책자금이었습니다. 이때는 산업단지가 위치한 지방에만 타깃 광고를 했던 경험이 있습니다. 예산은 언제나 유한하기 때문에 의사 결정 과정에서 반드시 이런 요소를 고려해야 합니다. 핵심은 B2B 마케팅이기 때문에 무조건 타깃을 좁히라는 의미가 아니라, 되도록 처음에 오프라인에서 겪은 비즈니스 경험을 기준으로 가설을 잘 세우고 타기팅해서 되도록 시행착오를 줄일 것을 권장합니다.

타기팅 광고와 리타기팅 광고

독자 여러분은 타기팅 또는 리타기팅 광고에 대해 들어보거나 사용해 본 경험이 있으신가요? 간단히 요약하면 타기팅 광고라는 것은 연령, 성별, 나이, 지역, 결혼 여부, 관심사 등 인구통계학적 특성에 따라 타깃 대상인 사람이나 디바이스 즉 PC, 모바일, 태블릿에 도달하는 광고를 말합니다. 대표적으로 페이스북, 인스타그램, 카카오, 구글 등의 소셜 미디어 광고입니다. 여러 가지 정보를 어떻게 특정해서 타기팅이 가능한지 궁금할 수 있겠지만, 독자 여러분이 소셜 미디어에 가입할 때 어떤 정보를 입력했는지 기억을 되살려 보면 쉽게 이해할 수 있습니다.

반면 리마케팅 광고라고도 부르는 리타기팅 광고는 1회 이상 우리 광고에 노출되는 사용자를 특정 기간 동안 따라다니는 광고를 가리킵니다. 리타기팅 광고는 기술적으로 홈페이지 방문자, 동영상 시청자, 앱 사용자 등을 대상으로 진행할 수 있습니다. 다시 말하면 특정 배너 광고나 동영상 광고를 통해 우리 홈페이지를 방문했거나 동영상을 시청하거나, 앱을 사용하면 짧게는 하루, 길게는 540일 동안 그 사용자를 특정해 반복적으로 광고를 노출하며

페이스북, 인스타그램 광고의 주요 리타기팅 옵션

설득하게 됩니다.

과거에는 리타기팅 광고를 홈페이지 방문자에게 다시 노출하는 광고 정도로 이해했지만 최근에는 동영상, 모바일 앱 사용자 등 다양한 영역으로 확대되고 있습니다.

그렇다면 B2B 마케팅과 타기팅 광고, 리타기팅 광고는 어떤 연관이 있을까요? 먼저 타기팅 광고부터 알아보겠습니다. B2B 마케팅에서 타깃 광고가 중요한 이유는 짧고 명확합니다. B2B 마케팅은 기업 간 거래이니만큼 불특정 다수를 타깃으로 하는 경우가 거의 없고, 특정 산업 종사자가 주로 대상이며, 타기팅 기법에 의해 인구통계학적으로 타기팅하면 가장 의미 있습니다. 즉 타기팅 광고는 B2B 마케팅에 아주 적합합니다.

다음으로 리타기팅 광고가 B2B 마케팅에 필요한 이유를 알아보겠습니다. B2B 마케팅은 거래 단위가 크며, 최종 의사 결정까지 소요 기간도 긴 편입니다. 단 한 번의 노출만으로 제품과 서비스를 판매할 수 없기 때문에 반복적 노출로 고객의 의사 결정 과정에 개입하는 리타기팅 광고가 필요하다고 할 수 있습니다. 또한 수직적 결재 라인을 타고 결정하는 경우가 많기 때문에 리타기팅 광고의 의미가 제법 큰 편입니다. 그러면 리타기팅 광고는 언제나 의미가 있는 걸까요? 설명을 돕기 위해 한 가지 예를 들어보겠습니다.

한 개 1천 원인 새우과자가 있다고 가정하고 온라인으로 불특정 다수에게 판매한다고 하겠습니다. 만약 온라인 광고를 한다고 할 때, 클릭 한 번에 광고비가 100원이 든다고 하면, 상당히 부담스러울 것입니다. 열 번 클릭하고 새우과자 한 봉지도 팔리지 않으면 과자 한 개의 소비자 가격이 그대로 날아가 버립니다.

반면 B2B 상품으로 100만 원짜리 기업 업무교육을 온라인에서 판매한다고 가정할 때 한 번 클릭에 1,000원씩 비용이 든다고 해도 단가가 높은 B2B 상품은 광고예산에서 상대적으로 유리합니다. 대신 교육상품은 새우과자만큼 쉽게 팔리지 않을 가능성이 높습니다. 가격저항이 훨씬 크고, 교육비로 지출 가능한 예산이 있어야 하기 때문입니다. 또한 새우과자처럼 불특정 다수가 아닌 정확한 고객 타기팅이 필요합니다. 때문에 B2B 시장에서 타기팅 광고와 리타기팅 광고는 더 의미가 있습니다.

조금 더 예를 들면 전문디자이너만 사용하는 업무용 소프트웨어가 있다고 할 때 이 소프트웨어를 팔기 위한 타깃 광고가 필요하지 불특정 다수에게 노출하는 광고는 필요 없습니다. 또한 조선업에서 선박을 설계할 때 사용하는 소프트웨어라면 조선업 종사자는 전체 인구 모수 대비 아주 낮은 비율일 것입니다. 따라서 B2B 마케팅에서야말로 불특정 다수를 대상으로 한 광고보다, 타깃 광고가 더 중요합니다.

타기팅 오류 사례

B2B 마케팅에서 많이 하는 착각 중의 하나는 사람을 타깃으로 하지 않고 회사를 타깃으로 하는 것이라는 점을 말씀드린 바 있습니다. 디지털 마케팅에 있어서 가장 작은 단위는 무엇일까요? 바로 사람, 즉 개인일 것입니다. 그런데 여기서 더 작은 단위를 찾는다면 개인이 사용하는 디바이스 단위도 있습니다. PC와 태블릿, 핸드폰이 가장 작은 단위가 될 것입니다.

기본적으로 광고 관리자 입장에서 보면, 페이스북과 인스타그램은 인구통계학적으로 사람을 타깃으로 표시하고 구글 광고는 개인이 사용하는 PC, 모바일, 태블릿 등의 디바이스를 기준으로 타기팅을 표시하기 때문에 타깃 모수도 구글이 훨씬 더 많아 보입니다. 광고를 만든 사상에 따라 타깃 모수가 다르게 표현될 수 있습니다.

  B2B 관념상으로는 회사를 타기팅한다고 생각하지만 실제로는 한 사람의 개인이 대상입니다. 강의에서도 많이 말씀드리지만 잠재고객의 DB 가치 면에서 보아도 회사 이메일 계정보다 개인 이메일이 훨씬 더 가치 있다고 생각합니다. 요즘같이 평생직장 개념이 사라진 시대에 명함에 적힌 회사 이메일은 데이터의 가치를 오래 지니지 못합니다. 오히려 개인 메일이 설령 담당자가 이직하더라도 계속 따라다닐 수 있는 연결고리가 되곤 합니다.

  제가 경험한 사례를 말씀드리겠습니다. 최근 글로벌 IT 기업 중에 클라우드 서비스를 판매하는 서비스가 많습니다. 구독 경제가 활발해지고 있으며, IT 분야에서도, 일시불로 소프트웨어를 구매하는 것보다, 월간 과금의 형태로 서비스를 구매하는 경우가 많습니다. 유명한 글로벌 소프트웨어 회사인 P사는 국내 클라우드 시장의 점유율 고민이 많았습니다. 국내시장에 진출하면서 저희 회사에 자신들의 영업과 마케팅 고민에 대해 이야기했고, P사가 의뢰한 내용은 시장점유율 1위 업체인 Q사의 제품을 쓰는 고객이라 추정되는 B2B 고객에게 자신들을 노출해 달라는 것이었습니다. P사에서는 아마도 Q사의 제품을 쓰는 기업이 1만 곳은 넘을 것이라고 말하면서 리스트를 알려주었습니다. P사는 저희에게 경쟁 소프트웨어를 쓰고 있을 것으로 추정하는 잠재고객을 타기팅해달라고 의뢰한 것이었습니다. 그런데 디지털 마케팅에서 이런 리스트가 실제로 큰 도움이 될까요? 불특정 다수에게 우편 DM을 한다면 모르겠지만 대략적인 규모를 파악하는 것 이외에 단순한 회사명이 디지털 마케팅에 큰 도움이 되지는 않습니다. 해당 업체의 직원 명단이 없는 한 그런 접근은 쉽지 않습니다. 설사 주소록이 있다고 해도, 개인정보 문제로 동의 없이 접근하는 것은 어렵습니다. 그렇다면 해당 업체에 근무할지도 모르는 사람을 지역, 관심사, 직업, 전공 등으로 좁혀 들어가서 추론해야 하는데, 역시 쉽지 않은 접근입니다. 그런데 생각보다 접근이 쉽다고 느낀 지점이 있었습니다. Q사는 시장 1위 업체이고 대부분의 가망 고객이 Q사의 제품을 사용 중이기 때문에 오히려 별다른 고민 없이 해당 산업 전체를 타기팅하는 것으로 결론을 내릴 수 있었습니다.

4장 .. 온라인 마케팅

홈페이지

지난 20년 동안 B2B 마케팅 컨설팅을 하면서 발견한 중요한 컨설팅 포인트가 하나 있었습니다. 정말 중요하고 기본적인 것이지만, 중요성에 비해 참 소홀하게 취급되기 일쑤입니다. 바로 B2B 기업의 홈페이지입니다.

특히 모바일 시대 이후 모바일 홈페이지가 고객 응대의 최전선으로 가장 중요한 위치를 차지하게 되었습니다. B2B 마케팅에서도 예외가 아닙니다. 모바일 홈페이지는 B2B 고객의 최초 접점으로 아주 중요한 역할을 하고 있습니다. B2B 기업의 모바일 홈페이지에서는 가망 고객이 여러분의 기업을 선택지로 고려하게끔 기본적인 사항을 모두 노출해야 합니다. 회사 소개, 제품 소개, 서비스, 찾아오시는 길 그리고 전화번호 버튼 특히 전화번호 버튼이 가장 중요합니다. 많은 경우 B2B 세일즈의 시작은 상담 전화로부터이기 때문입니다.

  B2B에 영향을 미친 가장 혁명적인 사건은 스마트폰의 출현입니다. 스마트폰에서 정보를 검색할 수 있고 그 자리에서 바로 B2B 상담 전화를 걸 수 있는 버튼이 있어야 합니다. 바로 이 상담 전화로부터 세일즈로 이어지는 문이 열리게 됩니다. 모바일 홈페이지가 기업의 신뢰도와 직결되기 때문이라는 흔한 말 외에 대부분의 B2B 거래가 B2C처럼 바로 결제되지 않고 전화, 견적 등 좀 더 많은 오프라인 활동을 동반한 다음에야 계약이 이뤄진다고 볼 때 얼마나 중요한 가치인지 알 수 있습니다. 모바일 홈페이지와 전화 문의는 서로 분리할 수 없는 관계입니다. 따라서 모바일 홈페이지에서는 상담 전화 버튼이 가장 중요합니다.

  그러나 제가 다수의 B2B 기업 대표이사와 임원들을 만나보면 간과하는 것이 모바일 홈페이지의 중요성입니다. 또한 가장 많이 듣는 답변은 모바일 홈페이지 없이도 지금까지 사업을 잘해왔다는 이야기입니다. 많은 B2B 기업 특히 중소기업의 CEO는 모바일에서 홈페이지가 보이면 되지, 무엇이 더 필요하냐고 반문하기도 합니다. 그러나 스마트폰에서 홈페이지가 보이는 것만으로는 B2B 마케팅을 위한 준비가 되었다고 할 수 없습니다. 실제 필드에서 보면 홈페이지가 보인다는 것도 PC버전을 줄여서 보이게 하는 것을 홈페이지가 보인다고 말하는 경우도 허다합니다. '홈페이지는 모바일에 최적화되어야 한다.'라는 의미를 다시 생각해본다면 모바일 홈페이지가 존재하는 이유가 무엇인지 깨닫게 될 것입니다.

한 번 생각해 보기 바랍니다. 지금 이 글을 읽고 있는 독자 여러분도 B2B 담당자지만 일상에서는 B2C의 소비자이기도 합니다. 일상에서 생활에 필요한 소비재를 구매할 때 또는 여행, 항공권, 숙박 등의 소비를 고려할 때, 홈페이지가 제대로 갖춰지지 않거나, 스마트폰으로 검색할 때 PC화면이 나타난다고 하면 그 회사를 얼마나 신뢰할 수 있을까요? 특히 B2B 기업시장에서는 타인의 소비경험을 검색해서 찾아보기도 쉽지 않습니다. 직접 만나보고 대화를 나눠보기 전에 먼저 홈페이지를 통해 상대 업체에 대한 첫 번째 인상을 받게 되는데, 모바일 홈페이지가 제대로 갖추어지지 않았다는 것은 상당한 B2B 고객 접점을 상실하게 되는 것입니다.

산업에 따라서는 최근 접속의 80% 정도가 스마트폰 검색으로 이루어지기도 합니다. 이런 시장 상황에서 모바일 홈페이지를 제대로 갖추지 않는다는 것은 상대적으로 B2B 비즈니스를 하는 데에 아주 불리한 상황입니다. 반드시 모바일 홈페이지를 정비하고 점검해야 합니다.

또한 B2B 시장에서 모바일 홈페이지는 단순한 거래선 확보뿐만 아니라 기업의 구인구직 채용시장에서도 분명한 영향을 끼치고 있습니다. 직원을 채용할 때도, 직원의 입장에서 회사의 첫인상은 홈페이지를 통해 이루어진다는 것을 명심해야 합니다.

전체 홈페이지 유입에 있어서 모바일 홈페이지가 차지하는 비중은 어떻게 될까요? 업계마다 다소 차이가 있겠지만 제가 홈페이지 제작 웹에이전시와 온라인 마케팅 업체로 필드에서 활동해온 기간 중 지난 수년간의 데이터를 살펴보면 최근의 경우 25 : 75의 비율로 모바일이 3배 정도 많은 것이 사실입니다.

참고로 높은 연령층이 구매하는 서비스나 의사 결정 고민을 많이 해야 하는 고가 아이템의 경우는 PC버전의 홈페이지에서 더 많은 트래픽 접속이 일어나는 일도 빈번하고, B2B 관련해서는 업무 시간 중에 제품이나 서비스 관련 검색을 많이 하기 때문에 PC의 비중이 약간 더 높아지는 경향이 있습니다. 그래서 보통 B2B 관련 키워드는 주로 평일 낮에 검색량이 많은 편입니다. 그리고 홈페이지로 유입되는 트래픽을 반드시 분석해 보아야 합니다.

중소 규모의 B2B 기업의 경우 외주 홈페이지 제작 에이전시에게 일을 맡기는 것에 익숙하지 않은 경우가 많습니다. 이렇게 예산도 부족하고, 외주 의뢰도 쉽지 않을 때, 모바일 홈페이지 제작을 어떻게 해야 할까요? 모바일 홈페이지 제작은 가격도 천차만별이고 처음 에이전시들과 미팅을 해보면 쉽지 않습니다.

최근에는 모바일 홈페이지 제작을 쉽게 해주는 여러 가지 도구가 출시되고 있습니다. 모바일 홈페이지 제작에서 가장 손쉽고 많이 알려진 도구는 네이버 모두modoo 입니다. 네이버 모두는 지난 2017년 출시한 소상공인을 위한 모바일 홈페이지 제작 서비스입니다. 네이버에는 소상공인을 위한 기본 서비스 및 상담 플랫폼이 네이버 모두뿐만 아니라 전화 상담, 네이버 톡톡을 비롯한 메신저 서비스 등 여러 가지를 보유하고 있습니다. 필드에서 보면 실제로 규모가 작은 회사가 아니라도 네이버 모두를 많이 사용하고 있습니다. 다만 네이버가 제공하는 서비스를 사용할 때 명심해야 할 점은 네이버가 제공하는 블로그와 모두 같은 서비스는 100% 개방형 서비스가 아니기 때문에, 외부 서비스나 플러그인을 삽입할 수 없고, 네이버가 자체적으로 보유한 솔루션을 사용해야 한다는 점입니다. 예를 들어 로그분석의 경우도 구글 애널리틱스를 삽입하는 것이 아니라, 네이버가 보유한 통계 시스템으로 분석해야 하며, 디자인도 일부만 수정 가능합니다.

최근 국내 B2B 기업 홈페이지를 점검하면서 고객들이 가장 많이 놓치는 부분을 꼽자면 페이스북, 인스타그램 픽셀의 설치와 활용입니다. 페이스북 픽셀은 웹사이트에서 사람들이 취한 행동을 파악하여 광고 성과를 측정할 수 있는 분석 도구입니다. 픽셀을 홈페이지에 설치하면 적절한 대상에게 광고를 노출할 수 있으며, 광고 타깃 구축이 가능해집니다. 픽셀 코드를 웹사이트 헤더에 삽입하고 실행하면, 예를 들어 누군가 나의 웹사이트를 방문하고 구매 완료를 했을 때 페이스북 픽셀이 이런 행동을 보고해서 향후 페이스북 광고를 활용해 해당 고객에게 다시 도달할 수 있습니다. 그래서 페이스북 픽셀 추적으로 수집한 데이터를 사용하여 신규 고객, 웹사이트의 특정 페이지를 방문한 사람, 원하는 행동을 취한 사람 등 적절한 타깃을 설정할 수 있습니다. 뿐만 아니라 자동 입찰을 설정하여 제품 구매 등 중요한 행동을 취할 가능성이 높은 사람을 타기팅할 수 있습니다. 그리고 전환 및 매출과 같은 정보를 확인할

네이버 모두(modoo!) 서비스 화면

수 있어서, 광고의 직접적인 성과를 확인하여 광고가 얼마나 성공적이었는지 파악할 수 있으므로, 반드시 사용할 것을 권합니다.

메신저 활용법

온라인에서 확보한 개인정보를 이용하여 진행하는 B2B 마케팅은 최대한 많은 정보를 얻으면서도, DB로 전환하지 않은 채 종료하는 일이 없도록 설계하는 것이 중요합니다. 여기서 한 가지 유의해야 할 사항은 모바일 메신저를 이용한 마케팅입니다. 국내는 다른 메신저를 통한 응대보다 카카오톡을 이용한 마케팅이 많습니다. 역시 국내 1위 모바일 메신저이기 때문일 것입니다. 카카오톡

B2B 상담은 홈페이지나 랜딩페이지를 방문한 고객, 또는 광고로 직접 카카오플러스 친구를 추가하게 만들고, 이를 상담으로 진행시키는 것이 대부분입니다.

저는 고객사의 콜센터, 컨텍센터 같은 곳에 많이 다니는 편인데, 수년 전부터 헤드셋을 끼고 전화 상담을 하는 담당자만큼, 모니터를 보면서 카카오톡 상담을 하는 상담원도 정말 많이 보입니다. 이것은 실제로 카카오톡을 통해 상담하는 사람들이 늘었다는 뜻이 될 수 있을 것입니다. B2C의 영역에서만 늘고 B2B는 늘지 않았을까요? 그렇지 않습니다. 우리 사회의 고객 상담 대부분 다시 말하면 고객 커뮤니케이션 전반에서 일어나는 현상입니다. 특별히 B2B라서, B2C라서 이러한 현상이 일어난 것은 아닙니다.

그런데 여기서 가장 중요한 것은 상담의 휘발성입니다. 우리가 세일즈에서 말하는 '클로징'이라는 개념이 있습니다. 제품을 판매하면 그것이 클로징이고 디지털 마케팅에서는 구매 같은 '전환'이 클로징일 것입니다.

그러면 B2B 영역의 온라인 마케팅에서 클로징의 1차적 목표는 무엇일까요? 당연히 성명, 회사명, 직함, 이메일, 전화번호 같은 개인정보 확보일 것입니다. B2B 담당자의 개인정보를 확보해야 다시 상담을 이어갈 수 있고, DB를 전환하는 시점까지 양육할 수 있습니다. 상대방 정보 없이 상담을 이어가는 것은 의미가 없습니다. 특히 B2B 마케팅은 한 번에 구매 전환까지 이뤄내기 쉽지 않기 때문에 더욱 그렇습니다.

카카오톡 상담은 다른 상담 도구에 비해 즉시 상담이 일어난다는 편리함이 있지만 상대방의 정보를 알아내는 데 한계가 있습니다. 또한 상담의 질적인 측면에서도 상대방에 대한 정보를 가지고 모바일 메신저로 상담하는 것과 모르는 상태에서 상담하는 것은 상당히 큰 차이를 나타냅니다. 다른 분야도 마찬가지겠지만 B2B 마케팅에서도 서로 간의 신뢰가 중요합니다. 또한 고객의 규모를 제대로 파악해야 적절한 제안을 이어갈 수 있는데, 한쪽만 상대방에 대한 정보를 알고 있으면 제대로 된 상담은 물론 서로 신뢰를 쌓기도 어렵습니다.

모바일 메신저를 이용한 상담에서는 아주 단순한 대화만 오가거나 주변을 맴도는 것 같은 이야기만 하다 개인정보도 없이 다음 상담 약속도 잡지 못하고 당연히 클로징하지 못한 채 연락이 끊기는 일이 비일비재합니다. 따라서 B2B 마케팅에서 모바일 메신저를 이용한 상담이 메인이 되는 일은 일반적이지 않습니다. 가급적 모바일 메신저는 보조 수단이 되어야 합니다. 카카오톡으로 한 번 말을 걸어오는 것도 1회 컨택으로 계산해 컨택 횟수만 따진다면 모바일 메신저 상담이 건수 자체로는 가장 많을 것입니다. 그러나 B2B 세일즈 퍼널에 실제로 얼마나 넣을 수 있을지 고려해야 합니다.

다시 홈페이지 제작으로 돌아갑시다. 홈페이지의 모바일 메신저 상담 역시 휘발성으로 날아가는 경우가 허다합니다. 모바일 메신저를 통한 상담을 랜딩페이지나 홈페이지 메인에 두면 효과가 있을까요? 카카오톡이나 홈페이지에 설치한 상담 메신저를 메인 컨택으로 두면 투입 대비 광고 성과를 제대로 못 보는 경우가 많습니다. 실시간 상담이나 메신저는 필요한 정보만 명확하게 받고 부가적인 상담을 받는 용도로 활용하는 편이 좋습니다.

랜딩페이지

랜딩페이지란 사용자가 광고를 클릭한 다음 도달하는 모든 웹 사이트의 메인페이지와 세부페이지를 의미합니다. 때로는 단일 이벤트 페이지나 특별한 캠페인을 위해 제작한 마이크로사이트가 랜딩페이지를 대신하기도 합니다.

네이버 광고가 중심인 우리나라는 흔히 검색광고를 할 때 DB 확보를 위해서 홈페이지 대신 만드는 페이지를 랜딩페이지로 오해하기도 합니다. 그러나 어떤 광고를 사용하더라도 광고 이후 처음 도착하는 웹페이지를 랜딩페이지라고 합니다. 때로는 네이버 블로그가 광고 이후 나타나게 설정했다면 네이버 블로그가 랜딩페이지가 될 것입니다.

랜딩페이지는 주로 단일한 목적과 내용을 다룹니다. 광고를 통해 들어온 사용자를 한 가지 논리로 설득해 원하는 결과를 얻기 위해서입니다. 반면 홈페이지는 여러 가지 내용을 종합적으로 담습니다.

랜딩페이지는 어디에 사용할 수 있을까요? 진행하고 싶은 모든 유료 광고를 다 랜딩페이지에 사용할 수 있습니다. 꼭 유료 광고가 아니라도 여러분의 B2B 블로그와 연동해 블로그 콘텐츠를 먼저 읽게 하고 랜딩페이지로 이동하게 할 수도 있습니다.

광고 효율이 높은 랜딩페이지 제작 방법을 들어본 분은 랜딩페이지를 만들 때 여러 경로로 클릭하게 해서 가망 고객이 중간 이탈하는 메뉴가 없어야 한다는 말을 들어보았을 것입니다.

제가 필드에서 많이 목격하는 것은 서로 다른 광고를 똑같은 랜딩페이지로 설정하거나 홈페이지 메인으로 이동하게 설정하는 것입니다. 랜딩페이지를 제작할 여력이 없거나 귀찮기 때문입니다. 하지만 광고 성과를 생각하면 지양해야 합니다.

흔히 사용하는 랜딩페이지를 간편하게 제작하는 국내 도구를 소개하면 그누보드, 제로보드, 워드프레스 등이 있습니다. 랜딩페이지의 구성요소를 보면 헤드 카피, 부제목, 제품과 서비스 설명, 비디오 또는 이미지, 개인정보 입력란, 등록버튼 사용 후기 등입니다. B2C에서 많이 사용하는 결제를 유도하는 상세페이지와 달리 B2B 랜딩페이지는 개인정보 입력창이 반드시 필요합니다. 그래야 전화번호, 이메일 등을 통해 거래 진도를 계속 나갈 수 있기 때문입니다.

저희 회사에 B2B 랜딩페이지 제작을 의뢰한 인상적인 기업이 있었습니다. 기존에는 PC방 사업으로 전국을 대상으로 지점을 모집하는 B2B 사업을 했었고, 복고 열풍이 불어서 만화방이 유행하던 시절에는 만화방으로 업계 1위를 하던 고객이었습니다. 시설 기반의 수익구조를 가진 기업이 성공하기 위해서는 점포를 가진 가맹점주나 건물을 가진 건물주가 B2B 가맹고객으로 늘어나야 하는 구조입니다. 이 기업은 예비창업자 한 명의 문의도 중요한 매출의 접점이며 그 소중함을 알고 있었습니다.

이 기업의 의뢰는 랜딩페이지에 문의가 쌓일 때마다 실시간으로 문의 내용을 본사 B2B 영업담당자에게 자동으로 문자메시지로 전달해서 바로 창업 상담까지 가능하도록 해달라는 것이었습니다. 이만큼 마케팅 이후 프로세스까지 신경 쓴다면 성공 가능성이 훨씬 더 높아질 것은 당연합니다.

상세페이지 제작

상세페이지는 온라인에서 제품을 판매하기 위해 쇼핑몰, 랜딩페이지 등에서 제품의 자세한 설명을 이미지, 텍스트, 영상 등 다양한 방법으로 서술한 웹페이지를 의미합니다. 대부분 가로 1,000픽셀 정도 크기로 모바일과 PC 모두 지원하게끔 제작합니다.

B2B 기업이 상세페이지를 쉽게 만들고 가망 고객을 설득할 수 있는 팁을 정리해 보겠습니다.

첫째, 상세페이지를 위한 스토리보드가 잘 떠오르지 않는다면, 옥션, G마켓, 11번가 등의 오픈 마켓에 현재 해당 업종에서 누적 판매량이 가장 많은 상품부터 순위대로 벤치마킹하기 바랍니다. 해당 페이지의 디자인과 논리 전개 구조를 참고하는 것입니다. 누적 판매량이 많다는 것은 그만큼 상세페이지가 설득력 있고 검증됐다는 의미입니다.

둘째, 멀티미디어를 충분히 활용하기 바랍니다. 최근 상세페이지는 gif 파일과 동영상 파일이 있어서 시각적인 설득을 더하고 있습니다.

셋째, 필드에서 상세페이지 제작 의뢰를 받아보면, 상세 페이지 제작에서 고객이 어려워하고 낯설어하는 부분이 바로 기획입니다. 제작은 외주제작사에 의뢰하겠지만, 기획은 해본 적이 없으니 난감해합니다. B2B 기업에 조언하자면 브로슈어를 떠올리면 됩니다. B2B 기업은 대부분 국내외 박람회 출점 경험과 브로슈어 제작 경험이 있을 겁니다. 상세페이지란 온라인 브로슈어라고 생각하면 쉽습니다. 실제로 B2B 기업의 온라인 상세페이지를 오프라인 브로슈어 파일을 이용해서 제작한 사례가 많이 있습니다. 편집 디자이너로부터 AI 파일을 받아서 웹 디자이너에게 넘겨 제작한 케이스입니다.

넷째, 상세페이지를 만들 때 제품과 서비스에 대한 스펙 서술에만 너무 주안점을 두게 되면 많은 시행착오가 생깁니다. 상세페이지는 제품규격서가 아니기 때문에 설득 논리와 제품 구매 이후 활용에 대한 내용이 들어가야 합니다. 제품과 서비스에 대한 소프트한 접근과 스토리텔링이 필요합니다.

다섯째, 비즈니스를 계속하다 보면, 자사몰, 오픈 마켓 등의 온라인 입점이 필요하게 됩니다. 그럴 때는 입점할 때마다 상세페이지를 새로 제작하지 말고 대부분 동일한 규격이므로 최초에 만들 때 잘 제작해놓는 것이 좋습니다. 사진 촬영, 영상 제작 등 비용이 많이 드는 요소를 전부 갖추는 것보다 내용의 설득 논리가 훨씬 더 중요합니다.

웹로그 분석

"우리 고객은 우리가 가장 잘 알아."
"이 바닥이 뻔해. 우리나라에 우리 제품 쓸 고객 1,000명밖에 없어. 무엇하러 새로운 시도를 해?"

많은 B2B 기업이 겪는 치명적인 실수는 자신이 해당 필드의 B2B 영역을 잘 안다는 자신감에 도취해서 통계와 데이터에 의존하지 않는 주관적인 마케팅 의사 결정을 한다는 것입니다.

B2B 마케팅에서 오프라인 비즈니스가 온라인으로 올 때, 온전히 오프라인 그대로 오지 않습니다. 오프라인이 온라인으로 올 때는 많은 화학 변화를 거쳐서 옵니다. 오프라인일 때 매출을 주지 않던 집단이 온라인에서 매출을 주기도 합니다. 또한 B2C에서는 거의 의미 없는 아무리 미세한 트래픽이라도, B2B에서는 의미가

있을 수 있습니다. 작은 트래픽도 매출을 줄 수 있기 때문입니다.

B2B 기업이 특정 산업에서 효과가 있는 디지털 마케팅 방법을 가지고 있다면 그것이 바로 자산이 되는 것이고 큰 의미를 가집니다. 오프라인 중심으로 마케팅과 세일즈를 해온 B2B 기업에 제가 가장 많이 권하는 내용은 통계와 데이터를 중심으로 분석하고 의사 결정하라는 것입니다. 디지털 마케팅은 숫자와 통계와의 싸움이라고 할 수 있습니다. 모든 광고 마케팅 활동에는 기록이 남습니다. 마케팅 성과를 끌어올리기 위해 가장 중요한 것은 분석입니다. B2B 마케팅에서도 두말할 것 없이 중요합니다.

현재 가장 대중화된 분석 방법은 구글 애널리틱스를 이용한 웹사이트 트래픽 분석입니다. 시중에 구글 애널리틱스에 대한 수많은 온라인 강의, 오프라인 강의, 관련 도서들이 있습니다. 하지만 구글 애널리틱스를 처음 접한다면 곧바로 기능을 이해하기는 쉽지 않을 것입니다. 만약 초보라면 구글 애널리틱스의 모든 기능을 이해할 필요는 없습니다. 필수 기능, 필수 메뉴를 보는 방법만 익히고, 점차 사용 범위를 늘려가면서 익히는 것이 좋습니다. 구글 애널리틱스 사용법에 익숙하지 않더라도, 구글 애널리틱스의 메뉴 가운데 '획득 > 전체 트래픽 > 소스/매체'라는 트래픽의 유입 출처는 꼭 주목해서 보기 바랍니다. 가망 고객이 어떠한 경로로 우리 홈페이지에 오는지 경로를 분석하는 가장 기본적인 메뉴이기 때문입니다.

제가 경험한 대부분의 중소기업과 중견기업 이하 B2B 기업은 대부분 디지털 마케팅의 성과 분석이 제대로 되고 있지 않았습니다. 디지털 마케팅 분석에 대한 개념 정립이 없기 때문입니다. 경험 없는 업체에서 구글 애널리틱스를 사용하는 것은 상당히 어렵습니다. 최근 여러 디지털 마케팅 교육기관의 온오프라인의 구글 애널리틱스 교육을 들어보면, 1Day 교육은 2시간 정도의 이론과 4시간 정도의 실습으로 이루어지는 경우가 많습니다. 그러나 자바 스크립트에 대한 이해가 없거나, 분석 도구에 대한 사용 경험이 없는 마케팅 담당자는 구글 애널리틱스의 사용과 설치부터가 상당히 어렵습니다. 이럴 때는 2시간 정도의 이론 교육만 소화하고 설치는 외주 프리랜서를 통해서 할 것을 권합니다.

국내에도 유명한 디지털 마케팅 성과분석 및 예측을 위한 전문 기업이 있지만 대부분 대기업, 대형 E-커머스 기업을 위한 대행이라서 여러분의 업무를 위한 분석 전문회사를 찾아서 함께 일하기가 쉽지 않을 것입니다. 최근에는 많은 기업에서 사용하는 크몽 www.kmong.com 같은 프리랜서와 고객을 연결시켜주는 외주 O2O 플랫폼에서도 저렴한 외주비용으로 간단한 성과 분석만 의뢰 가능한 프리랜서를 찾을 수 있고, 자주 의뢰한다면, 지속적인 관계를 맺는 프리랜서로 계약을 맺을 수도 있습니다. 구글 애널리틱스를 사용하기 위해서는 PV, UV, 세션과 같은 기본 분석 용어를 이해해야 합니다. 책의 마지막 부분에 〈B2B 마케팅 용어사전〉이 있으니 참고하기 바랍니다.

일반적으로 구글 애널리틱스 이외의 다른 분석 도구를 사용할

일반적인 B2B 비즈니스의 트래픽 패턴

필요는 없습니다. 혹시 카페24를 비롯한 무료 온라인 쇼핑몰을 사용한다면 해당 서비스에서 기본으로 지원하는 분석 도구를 사용해도 됩니다. 위의 그림은 B2B 비즈니스의 일반적인 트래픽 패턴입니다. 주말보다 주중에 현저하게 트래픽이 많으며, 업무와 관련한 검색은 주로 주중에 이루어지기 때문에 저러한 모양을 나타내게 됩니다.

5장 .. 소셜 네트워크 마케팅

페이스북

1) 페이스북을 이용한 B2B 마케팅의 오해와 선입견

제가 B2B 마케팅을 컨설팅하면서 필드에서 가장 많이 듣는 질문이 'B2B 마케팅을 페이스북으로 해도 됩니까?'입니다. 결론은 '네, 됩니다.'입니다. 그런데 다들 왜 이런 질문을 계속하는 것일까요? 많은 B2B 광고주들이 페이스북을 너무 잘 알기 때문입니다. 여기서 잘 안다는 말은 개인으로서, 사용자로서 잘 안다는 의미입니다. 페이스북, 인스타그램처럼 매일 사용하는 SNS에서 광고주 대부분은 사용자이면서 동시에 광고주이기 때문에 잘 안다는 확신을 가진 경우가 많습니다. 이러한 현상은 제가 네이버 검색광고에 대해 상담할 때보다 페이스북, 인스타그램, 카카오, 밴드, 유튜브 등의 소셜 미디어 광고 상담을 할 때 B2B 고객들에게 특히 많이 듣는

실제 페이스북/인스타그램의 남녀 인구 모수: 남성 980만 명, 여성 860만 명

내용입니다.

소셜 미디어에서 B2B 마케팅은 하면 안 된다는 선입견 때문에 많은 B2B 광고가 실패하고 있습니다. 정말일까요?

페이스북 타깃 광고를 이용하면 페이스북과 인스타그램 사용자 2,100만 명에게 도달이 가능합니다. 문제는 B2B 광고 광고주도 매일 접속하는 2,100만 명 중 한 명이라는 사실입니다. 그런데 이렇게 익숙한 사용자라는 점이 광고전략을 세우는 데는 큰 방해가 됩니다. 제가 온라인 광고 컨설팅을 하며 페이스북 타깃 광고에 대해 설명하면 '페이스북은 30-40대 남자들만 주로 쓰지 않나요?', '페이스북은 여성 사용자들이 적을 것 같은데, 우리 비즈니스에 맞을까요?', '카카오는 20-30대 여성과 주부들이 주로 사용하지 않나요? 저희는 남성용품인데요?', 'B2B 사용자는 페이스북에 없지 않나요?' 등 플랫폼의 주요 사용자 모수를 사적인 느낌으로 정의하고 특정 플랫폼을 제외하자고 이야기합니다.

그런데 광고의 중요한 의사 결정을 통계적 근거도 없는 상태에서 일반화해도 될까요? 그렇지 않습니다. 이미 국내에서 순위권 내에 있는 페이스북, 밴드, 카카오 등의 플랫폼은 사용자층이 워낙 탄탄하고 넓기 때문에 어떤 비즈니스에 적용하더라도 해당 타깃이 충분히 존재하는 수준에 올랐다고 볼 수 있습니다. B2B 마케팅 역시 마찬가지입니다. 페이스북의 2,100만 명은 국내 인터넷 사용자의 약 40%에 해당합니다. 이 정도 모수는 어떤 산업군의 비즈니스라도 제품과 서비스를 홍보하기에 충분합니다. 2,100만 명이라는 사용자를 타기팅한다면 B2B 마케팅의 어떤 산업이든 충분히 타기팅할 수 있지 않겠습니까? 이 정도면 B2B 기업의 재직자도 충분히 포함되어 있습니다. 그러니 페이스북 광고를 하면 특정 성별과 계층에만 노출되지 않을까 우려할 필요가 전혀 없습니다.

저는 페이스북 타깃 광고로 ERP 소프트웨어, 섬유업계만 사용하는 하드웨어, B2B 기업 교육, 특정 기업의 총판 모집 등도 광고한 경험이 있습니다. 사실상 페이스북은 한국에서 B2B 타깃 마케팅하기 가장 강력한 도구라고 판단합니다. 일부 소셜 미디어와 우리 회사 B2B 비즈니스가 맞지 않을 것이라는 주관적 인식 때문에 시도조차 하지 않을 이유가 없습니다. 만약 시도했는데 B2B 광고 효과가 제대로 나오지 않았다면 해당 산업군의 모수가 없어서라 기보다 페이스북 타기팅 사용법을 정확히 몰랐거나 크리에이티브를 제대로 살리지 못해서인 경우가 더 많을 것입니다. 페이스북 타깃 광고를 집행하기 전에 먼저 선입견을 지우고 사용자가 아닌 광고주 입장에서 테스트 광고를 집행하면 확실히 다른 경험을 하게 될 것입니다.

선입견 때문에 비즈니스의 특성을 제대로 이해하고 고민하지 못한다는 점이 가장 심각한 문제입니다. 타기팅과 크리에이티브를 고민하기 위해서는 플랫폼에 대한 선입견이 없어야 하는데 선입견을 가지면 B2B 비즈니스에 대해 제대로 고민할 수 없게 됩니다.

2) 알고리즘 연구보다 B2B 비즈니스의 본질적 고민이 더 필요하다

알고리즘보다 비용 대비 효율을 생각하시기 바랍니다. 여러분이 페이스북 마케팅에 대한 자료를 탐색하다보면 페이스북, 인스타그램의 채널 운영과 도달 알고리즘에 대한 수많은 최신 자료를 접하게 될 것입니다. 그러나 최신 알고리즘에 집착하거나 그것을 맹신할 필요는 없습니다. 저는 기본적으로 브랜딩과 전환을 위한 B2B 페이스북 혹은 인스타그램 마케팅에서 도달률을 높이기 위해서는, 채널 운영만 가지고 좋은 결과를 얻기는 어렵다고 생각합니다. 다들 웹과 소셜 미디어에 페이스북 콘텐츠의 노출과 도달률을 극대화시키기 위해, 광고를 제외한 알고리즘에 관한 콘텐츠와 도서, 세미나와 교육이 쏟아집니다. 하지만 페이스북 타깃 광고에서 효율적으로 비용을 집행한다는 것은 똑같은 예산으로 최대한 도달률을 높일 수 있는 광고 상품의 집행과 운영을 의미합니다. 광고를 하지 않고서 페이스북과 인스타그램이 제공하는 평균 도달률보다 높은 도달을 얻기란 사실상 어렵습니다. 특히 인터넷에 떠도는 꼼수에 의존하는 어뷰징 마케팅은 페이스북이 제공하는 광고 기법이 아니며 동일한 조건이라도 과학적 재현 가능성이 낮습니다. 기업의 B2B 광고는 기업 이미지와 직결됩니다. 따라서 B2B 광고는 재현 가능해야 하며, 기업의 노하우로 남을 수 있어야 합니다.

알고리즘을 연구하면 광고가 적용되지 않은 콘텐츠의 오가닉 도달(페이지에 게시물이 올리는 자체로 사용자에게 도달하는 것)이나 바이럴 도달(자발적 입소문을 타고 도달하는 것)이 광고를 집행해서 도달하는 콘텐츠의 광고 도달보다 지속적으로 뛰어나기가 어렵습니다. 페이스북은 어뷰징이나 단순 게시물 업로드보다 광고 게시물이 가장 잘 도달하도록 설계되어 있습니다. 기업의 B2B 마케팅 담당자라면 광고의 집행을 통해 광고 경험치를 최대한 누적하는 것이 가장 효율적인 마케팅 전략입니다. 페이스북 또한 이윤을 추구하는 플랫폼 사업자이자 광고회사라는 사실을 기억한다면 무료 홍보를 노리는 사람보다 자사의 광고 상품을 구매한 고객에게 더 많은 혜택을 주는 것이 당연합니다. 페이스북 역시 B2B를 통해 매출을 만드는 것입니다.

3) 인스타그램은 페이스북의 부분 집합

B2C 마케터는 잘 아는데 B2B 마케터는 잘 모르는 사실입니다. 사용자 입장에서 인스타그램은 페이스북과 성격과 인터페이스가 확연히 다른 소셜 미디어겠지만 광고의 송출과 집행에서 보면 똑같은 몸통을 지녔다고 볼 수 있습니다. 2012년에 페이스북이 인스타그램을 1억 달러(약 1조 원)에 인수했습니다. 인스타그램 광고 관리자는 페이스북 광고 관리자에서 함께 집행합니다. 페이스북 광고 관리자의 캠페인 하위의 세트 메뉴에서 PC, 모바일, 인스타그램, 오디언스 네트워크 등의 박스를 체크하면 해당 지면으로 광고가 송출됩니다. 페이스북 광고 관리자 측면에서 보면 인스타그램은 송출 위치 차원에서 여러 가지 중 하나인 부분 집합입니다. 광고적인 측면에서 보면 인스타그램과 페이스북은 하나의 관리자 모드입니다.

4) 라이프 사이클을 공략하는 페이스북 빅 데이터

페이스북 타깃 광고의 핵심은 라이프 사이클 공략입니다. 기업 마케팅팀에 종사하는 사람은 판매하는 제품과 서비스에 적절하게 사람들에게 브랜드를 알리거나 구매 전환하는 일을 합니다. 쉽게 말하면 연령, 거주 지역, 학력 수준, 소득 수준, 취향 등 서로 다른 개인의 삶에 구간적인 도달을 통해 행동에 영향을 미치는 것이 페이스북 전략이라고 정의하고 싶습니다.

　기본 이론은 라이프 사이클에 따라 경제 상황과 필요한 소비가 다르다는 데에 기반합니다. 모든 타깃 모수들은 한 개인으로 저마다 다른 구간의 연령대를 살고 있습니다. 이러한 타깃 인구집단에게 빅 데이터를 기반으로 보다 더 효율적으로 도달하는 시도를 하는 것이 페이스북 타깃 광고입니다.

중요한 것은 검색이 아닌 도달을 통한 광고입니다. 유아부터 노인까지 모수가 존재한다고 할 때 각 비즈니스가 타깃으로 삼는 인구통계학적 부분 집단이 있을 것입니다. 각 비즈니스 주체들은 전체 모수 중에서 가망 고객의 그룹을 정하고 광고할 것입니다. 또한 상황에 따라 해당 타깃 가망 고객 그룹에 직접 타기팅과 간접 타기팅을 할 필요도 있을 것입니다. 이를테면 청년층에게 자동차를 판매한다면 그들에게 직접 도달을 시도하겠지만 이유식과 아동도서를 판매한다면 유아에게 직접 도달을 하지 않고 부모를 타깃으로 할 것입니다.

B2B 타깃 광고는 어떨까요? 저희 회사는 기업 마케팅팀에 근무하는 가망 광고주에게는 직접 타기팅하고, 종합광고대행사나 PR 대행사, 오프라인 광고대행사에 근무하는 업계 종사자에게는 간접 타기팅해서 B2B 광고를 진행하고 있습니다.

페이스북 광고법의 핵심은 도달률을 이용해서 브랜딩, 판매 등의 전환 목표를 위해 특정한 연령, 지역, 성별, 관심사에 해당하는 타깃 인구의 PC나 모바일 같은 디바이스에 도달하는 것이라고 볼 수 있습니다.

타깃을 활용해 공략하는 방법이 비단 페이스북에만 있는 것은 아닙니다. 그러나 현재 광고 상품을 출시한 소셜 미디어 중에 페이스북이 누적 사용자와 관심사 정보, 히스토리 기반의 사용자 위치 빅 데이터를 가장 많이 보유하고 있어서 광고에 잘 응용할 수 있습니다.

각 소셜 미디어의 광고 상품은 보유한 사용자의 빅 데이터와 이를 가공한 알고리즘 수준에 따라 정교함의 차이가 있습니다. 예를 들어 편의점 앞을 지나갈 때 도달하는 푸시 기반 할인쿠폰은 가장 정밀한 광고 상품이라고 볼 수 있습니다. 하지만 이런 광고는 블루투스나 기타 통신 표준으로 파악한 위치정보를 활용한 것이지 실제 사용자의 관심사나 행동 양식을 정밀하게 타기팅한 광고가 아닙니다. 페이스북은 사용자 기반의 빅 데이터를 활용하여 라이프 사이클을 공략하는 기업이며, 이를 기반으로 인구통계학적 핵심 타깃과 사용자가 직접 DB를 입력하는 맞춤 타깃, 유사성을 보이는 사용자를 구분하는 유사 타깃, 사용자에게 반복 노출이 가능한 리타기팅, 누적 GPS 정보를 이용한 위치 기반 광고 등 정밀도가 높은 광고 상품을 보유하고 있습니다.

5) 거부감이 적은 네이티브 광고

페이스북과 인스타그램의 뉴스피드는 친구 소식과 유사한 광고 형태입니다. 온라인 신문과 포털 광고처럼 기사와 광고가 같은 외형을 지녔기 때문에 상대적으로 클릭률이 높습니다. 기존 언론사와 포털의 배너 광고는 다른 사이즈와 형태, 위치 때문에 광고라고 쉽게 인식할 수 있었습니다. 지금은 오프라인 광고에도 네이티브 광고가 있기는 합니다. 예를 들어 신문에 실린 부동산 전면 광고를 보면 실제 분양 광고인지 기자가 쓴 부동산 소식인지 자세히 보지 않으면 구분하기 힘든 기사성 광고나 에디토리얼이 많습니다. 하지만 구독자는 그런 기획기사나 전면 광고에 잘 반응하지는 않습니다. 이에 비해 페이스북 광고의 가장 큰 이점은 광고의 생김새가 자연스럽기 때문에 광고의 거부감이 상대적으로 낮다는 것입니다. 페이스북 광고는 친구 소식 사이에 섞여 있어서 친구 소식을 보는 도중에 자연스럽게 네이티브 광고도 볼 수밖에 없습니다. 설령 B2B 광고라 하더라도, 이것은 B2B 광고니까 반드시 업계 종사자만 보라고 크리에이티브를 만들 수는 없습니다. 딱딱하지 않고, 자연스럽게 스며드는 B2B 광고를 제작해 보시기 바랍니다.

6) 자기관련화는 엄지손가락을 멈추게 한다

페이스북 타깃 광고에서 가장 중요한 것 중 하나는 자기관련화입니다. 이는 사용자가 스마트폰 화면을 넘기다 엄지손가락을 멈추게 하는 광고가 필요하다는 의미입니다. 그렇다면 자기관련화는 왜 중요할까요? 구체적인 예를 들어보겠습니다. 미용 성형, 치아 교정, 라식 수술 등을 홍보하는 광고에서 특정 지역에 사는 사람이나 특정 학교 동문을 할인해주겠다는 광고를 접한 적이 있나요? 바로 자기관련화입니다. B2B 광고의 자기관련화라면 여러분이 IT 쪽에 종사하는 개발자인데 개발에 대한 구인 광고부터 소프트웨어 광고를 받는다든지 여러분이 법인의 대표이사인데, 법인세 절감하라는 세무법인의 광고나 법인 명의의 렌트카를 구매하라는 광고를 받는다면 어떻게 반응할까요? 정말로 여러분이 실제 개발자이고 법인 대표이사라면 분명 이런 광고에서 손이 멈출 것입니다. 가장 기본적인 자기관련화는 사용자가 회원가입 시 작성한 프로필 정보나 사용자 정보를 이용하는 것입니다. 자기관련화의 초기 단계는 뉴스피드의 콘텐츠가 나와 어떤 관련이 있다는 느낌을 주는 것에서 출발합니다. 여기에 동영상과 이미지 같은 크리에이티브 요소를 추가로 활용해서 효과를 더욱 극대화할 수 있습니다.

자기관련화가 적용된 네이티브 광고

자기관련화는 가장 기본적인 광고전략 중 하나입니다. 이렇게 프로필과 인구통계학적 정보를 이용하여 가망 고객과 공통점을 찾는 것이 가장 기본적인 자기관련화 전략의 출발입니다. 광고대행사가 일반 광고주보다 유리한 것은 예산을 많이 써 본 경험치도 있겠지만, 특정 업종에서 경험한 자기관련화 전략을 타 업종에 적용할 수 있게 관련 재료를 많이 보유하고 있다는 점입니다. 지금 여러분의 B2B 비즈니스에서 적용할 자기관련화가 무엇인지 한번 생각해보시기 바랍니다.

저희 회사 B2B 기업고객 중에 치킨 프랜차이즈 기업이 있습니다. 개인 창업 시장의 큰 비중을 차지하는 것이 외식 시장이며, 외식 창업 시장에서 '치킨 창업'은 큰 비중을 차지합니다. 과열 경쟁으로 어려움도 겪지만 이름만 들어도 금방 알 수 있는 친근하고 유명한 브랜드가 다수입니다.

치킨 프랜차이즈 본사는 가맹 창업자가 늘어나기를 바라면서 광고대행사에 광고를 의뢰합니다. 그렇다면 치킨 창업에 대한 광고는 어떻게 해야 할까요? 맛이나 성분을 드러내는 광고는 창업 관점으로 본 것이 아닌 소비자 관점의 자기관련화입니다. 오히려 예비창업자가 관심을 가지는 자기관련화는 맛과 성분이 아닌 수익과 매출입니다. 즉 창업했을 때 예상 수익이 얼마나 되는지가 관건입니다.

은퇴자와 퇴직자의 창업 결정은 결코 간단하지 않습니다. 예상 수익과 실제 창업 성공 사례를 통한 자기관련화로 실제 전환과 관련된 행위를 하는 사람의 관심사가 무엇인지 입장을 바꿔서 생각해보는 것이 매우 중요합니다.

7) 혼자서 페이스북 타깃 광고를 공부할 때 유용한 안내서

다음은 혼자서 페이스북 타깃 광고를 공부하고 집행하는 데 도움이 될 만한 노하우입니다.

페이스북 블루프린트에서 자습하기

페이스북 블루프린트www.facebook.com/blueprint는 페이스북 광고를 집행하기 원하는 에이전시와 광고주를 위한 활용 방법 교육 및 인증 프로그램을 의미합니다. 한글화 사이트도 보유하고 있습니다. e-러닝은 페이스북과 인스타그램의 광고 관련 모범 사례를 배울 수 있는 온라인 교육 프로그램이고 블루프린트 인증Blueprint Certification은 페이스북 광고 제품 및 서비스의 이해도를 측정하는 인증 프로그램입니다. 두 개의 필수 시험을 통과하면 인증서를 받을 수 있습니다. 또한 정기적으로 교육 관련 업데이트 메일도 보내줍니다. 반드시 방문해보시기 바랍니다.

페이스북 블루프린트

페이스북 비즈니스 사이트 방문해서 정보 얻기

페이스북 비즈니스 사이트 www.facebook.com/business 는 한글화되어 있습니다. 성공 사례, 광고 상품 소개, 최신 뉴스 등 많은 자료가 한글로 번역되어 있으니 반드시 방문해보시기 바랍니다.

페이스북 비즈니스 사이트

페이스북 IQ 사이트

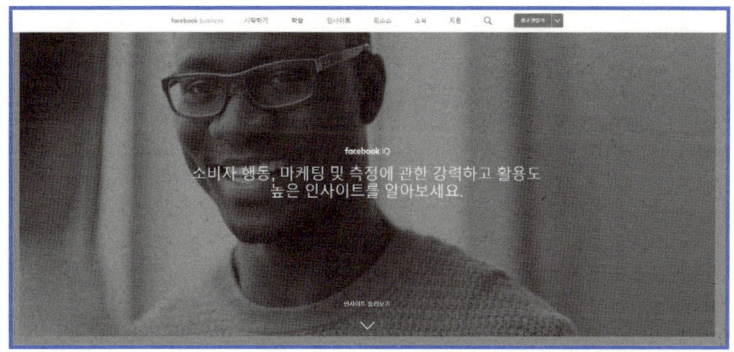

페이스북 IQ 사이트 방문해서 타깃에 대한 인사이트 얻기

페이스북 IQ 사이트insights.fb.com는 100% 한글화해놓지는 않았습니다. 그러나 연령대, 지리적 위치, 사용기기, 시간적 특성에 따른 잠재고객을 이해할 수 있는 여러 인사이트를 제공합니다.

이미지 크리에이티브 이용하기

페이스북과 인스타그램은 대부분 이미지 크리에이티브가 필요합니다. 1인 사업자로 디자이너가 없거나 직접 포토샵과 같은 이미지 편집 프로그램도 없고 저작권을 확보한 이미지도 없는 경우는 요즘 나오는 웹서비스 형식의 카드 뉴스 제작 툴을 사용해보시기 바랍니다. 국내에서는 타일tyle.io 같은 서비스가 있습니다. 저도 디자이너와 커뮤니케이션 없이 직접 빠르게 제작하고 싶을 때 사용합니다. 가격도 대부분 합리적인 편이라서 사용해볼 만합니다.

국내 구독형 카드뉴스 제작사이트 타일

최고의 B2B 타깃 광고 전환율, 잠재고객용 광고 (Lead Ads)

잠재고객용 광고는 페이스북에서 DB 마케팅, 즉 리드 마케팅에서 가장 높은 사용률을 보이는 광고입니다. 저는 국내 온라인 마케팅이 브랜딩보다는 전환 중심의 성과로 평가하는 경향이 강하기 때문에 잠재고객용 광고의 인기가 지속적으로 이어지리라고 예상합니다.

잠재고객용 광고는 관심 있는 특정 이벤트를 빠르게 신청할 수 있고 다른 광고 채널 대비 비용도 많이 들지 않아서, 이미 많은 광고주들이 잠재고객용 광고를 통해 높은 가치의 잠재고객을 효과적으로 확보하고 있습니다. DB를 모으는 것에만 한정해 성과를 측정한다면 잠재고객당 비용 효율이 다른 페이스북 광고에 비해서 최소 50% 정도 높아지는 것을 쉽게 경험할 수 있습니다.

저는 기존 전환 단가에 비해 몇 배나 낮은 비용을 경험한 적도 많습니다. 예를 들어 기존 CPA가 100원이었다면 잠재고객용 광고는 30원 정도로도 하나의 리드를 받을 수 있습니다. 어떻게 이러한 광고 성과가 나온 것일까요? 그리고 잠재고객용 광고의 장단점은 무엇일까요?

잠재고객용 광고의 장점은 랜딩페이지가 필요 없다는 것입니다. 페이스북이 직접 설문 양식을 제공하기 때문입니다. 광고를 통해 모은 개인정보는 페이스북 페이지 '게시 도구 > 잠재고객용 광고 양식'에서 90일간 다운로드받을 수 있습니다. 파일 형태는 CSV입니다. 90일 후에는 페이스북 보안정책 및 기술적 이유로 다운로드되지 않습니다. 그러나 90일은 이벤트를 진행하기에 충분히 긴 시간이며 90일 이상 유지할 경우 오히려 고객의 관심이 줄어들기 때문에 페이스북에서도 허용하지 않는 것 같습니다. 광고주 등 페이지의 다른 역할도 잠재고객용 광고를 게재하거나 인사이트를 볼 수는 있지만 잠재고객 정보는 오직 페이지 관리자만 다운로드 할 수 있습니다.

잠재고객용 광고의 단점은 로그 분석을 할 수 없다는 것입니다. 랜딩페이지를 사용하지 않기 때문에 당연히 GA 등의 외부 분석 솔루션을 이용할 수 없습니다.

장단점과 별개로 페이스북 잠재고객용 광고는 다음과 같은 특성을 보입니다. 첫째, 소셜 로그인과 같은 정보를 이용하기 때문에 사용자가 개인정보를 많이 입력할 필요가 없습니다. 페이스북이 기본적으로 사용자의 이름, 연락처, 거주 도시 정도의 정보는 보유하고 있기 때문에 설문 입력 창으로 전환되면 기본적인 개인정보는 이미 입력되어 있으며, 추가 질문만 하면 설문이 완성되어 DB화되는 개념입니다.

둘째, 페이스북에 게재되는 다른 광고와 달리, 잠재고객용 광고에는 공유 버튼이 표시되지 않습니다. 또한 일반적으로 광고에 연령 제한이 있습니다.

셋째, 질문을 최소한으로 줄여서 DB를 확보하는 광고입니다. 특히 특정 혜택을 받게 하는 형태는 따로 연락처 정보를 제출해야 한다는 점을, 광고를 보는 사람이 분명하게 알 수 있어야 합니다. 잠재고객용 광고 크리에이티브에는 쿠폰이나 다른 혜택을 포함하는 것도 좋습니다. B2B 광고에서는 특히 전문자료나 노하우를 알리는 형태의 혜택을 설계하는 경우가 많습니다.

넷째, 크리에이티브에서 잠재적 광고를 통해 무엇을, 어떤 혜택을 위해 신청하면 좋은지 분명히 알리는 것이 좋습니다. 왜냐하면 랜딩페이지 없이 바로 질문으로 넘어가기 때문입니다. 누군가 어떤 정보를 신청하고 계속 받아보려고 한다면 평소 궁금하거나 원하던 정보일 확률이 높을 것입니다. 이런 측면에서 사용자들이 잠재고객용 광고를 통해 양식을 제출하기 전 자신이 어떤 정보를 신청하는지 더욱 분명하게 알려주고 광고의 의도를 확실하게 전달할 수 있어야 보다 높은 가치의 잠재고객을 확보할 수 있습니다.

다섯째, 잠재고객 광고는 페이스북 정책상 18세 이상만 가능합니다.

페이스북과 인스타그램 잠재적 광고 사례

전화 상담과 후처리 & 스팸 차단 앱과 광고 후처리

스마트폰의 스팸 차단 앱의 역기능 때문에 페이스북 마케팅으로 확보한 DB로 전화 상담이 잘 안 되는 경우가 많습니다. B2B 마케팅에서는 전화 상담이 반드시 필요합니다. 스팸 차단 차단이라는 순기능에도 불구하고 한 번 차단된 업무용 전화번호는 사용 불가한 폐기 번호로 분류되기 때문에 전화 상담을 위해서 주기적으로 전화번호를 변경해야 하는 문제가 생깁니다. 스팸 차단 앱은 각종 광고 등 스팸 전화가 걸려올 때 이용자가 이를 등록하면 서버에서 스팸 DB로 분류해 최초 등록한 이용자 외에도 모든 사람에게 전화 수신을 차단해줍니다. 서버에서 이미 스팸 전화로 등록한 번호로 전화가 오면 앱에서 알아서 수신이나 문자 등을 차단해버리기 때문에 광고주가 대책을 세우기는 현실적으로 불가능합니다. 심지어 스팸 등록된 전화번호였는데 번호를 반납하거나 새로운 사업주에게 번호가 부여되어 다시 사용할 때에도 서버에는 여전히 스팸 번호로 등록되어 있습니다. 새로운 전화 가입자가 그 사실을 모른 채 전화번호를 부여받으면 아예 수신 자체가 안 될 수도 있습니다. B2B 마케팅과 세일즈에서 회사 대표번호를 '1588'이나 '070'로 사용하는 경우는 반드시 이 부분을 확인해야 합니다. 실제로 전화 상담이 필요한데 이런 이유 때문에 막혀서 업무 진도가 나가지 못하는 사례도 많습니다.

인스타그램

제가 필드에서 만나본 B2B 마케팅 실무자 중 상당수는 인스타그램이 B2B 마케팅에서 별다른 역할을 하지 못한다거나 B2B 마케팅과 전혀 관련이 없다고 생각하고 있었습니다. 그러나 극히 좁은 범위에서 사용되는 B2B 마케팅을 제외하고는 예를 들어 특정 산업에 사용하는 소프트웨어 같은 B2B 영역이 아니라면, 대부분 B2B 영역에서도 인스타그램 마케팅은 유의미하다고 볼 수 있습니다. 인스타그램 채널을 운영하는 것도 의미 있겠지만, 그것보다 B2B 마케팅의 광고 지면으로 더 큰 의미가 있습니다. 인스타그램 사용자 연령대가 낮다거나, 여성 사용자가 많다는 언론 기사나 통계만으로 B2B 마케팅에서 인스타그램이라는 매체 자체를 제외할 필요는 전혀 없습니다. 실제로 2014년 국내에서 인스타그램 광고가 가능해진 이후에 수많은 영역의 광고를 진행해 왔는데, 첨단 과학, 중공업 등 일부 산업을 제외하면 인스타그램에서의 타깃 마케팅도 의미 있는 결과를 얻고 있습니다. 인스타그램이라는 매체에서 어떻게 구체화된 타기팅을 할지 너무 고민할 필요가 없습니다. 인스타그램은 페이스북 광고의 일부이며, B2B 사용자에게 도달할 수 있도록 광고 지면을 충분히 노출해 주고 있습니다. 페이스북에 인수합병 된 이후, 인스타그램에서 초보 광고주가 할 일은 AI에 노출 지면을 맡기고, 광고 입찰만 하면 됩니다. 직접 광고를 해 보면, 인스타그램은 강한 시각화 도구로서, DB 전환에 영향을 미치는 강력한 전환 매체라는 것을 알 수 있습니다.

또한 인스타그램의 가치는 100% 모바일 플랫폼이라는 점입니다. B2B 사용자 역시 많은 시간을 모바일에 체류합니다. 그중 일정 시간 이상은 개인적 용도로 모바일을 사용합니다. B2B 담당자라고 꼭 B2B 용도로만 소셜 미디어를 사용하는 것은 아닙니다. 그들이 개인적 용도로 인스타그램을 사용할 때는 그들에게 도달할 수 있다는 뜻입니다. 또한 많은 B2B 종사자들이 B2B 마케팅은 지루하다고 생각하지만, 인스타그램이 B2B에서 다가서는 방식은 기존과 확실히 다른 새로운 스타일로 접근이 가능합니다. 다른 기업보다 먼저 B2B에 도입한 기업들은 고객을 위한 활발한 인스타그램 채널을 구축해 이미 많은 성과를 이루어 냈습니다. 국내만 봐도, 인스타그램에서 대표적인 B2B 기업의 영문 회사명을 검색해 보면, 많은 대표 기업의 공식 인스타그램 계정을 볼 수 있습니다. 예를 들어 국내의 대표 B2B 기업인 포스코의 공식 인스타그램만 보더라도 산업에 대한 쉬운 이미지를 이용한 접근, 젊은 세대와 소통하기 위한 접근 등 B2B 기업 고유의 딱딱함을 풀어내기 위한 여러 콘텐츠를 볼 수 있습니다.

B2B 마케팅이라고 항상 지루할 필요가 없습니다. B2B 마케팅 역시 좀 더 특정한 타깃 그룹을 대상으로 할 뿐 대상자는 역시 평범한 사람입니다. B2C 구매자와 동일한 방식으로 접근하되, B2B에도 감성적 접근을 할 수 있습니다. B2B 구매자가 일반 소비자와 완전히 다른 것이 아닙니다. 한 가지 확실한 것은 B2B 마케팅에서, 타깃 기업의 오너든 직원이든 모두 인스타그램 안에 있다는 것입니다. 인스타그램은 동영상만큼 짧은 시간에 주의를 끄는 것이 중요합니다. B2B를 짧은 리듬으로 소개하는 연습을 해보시기 바랍니다.

링크드인

링크드인LinkedIn은 영어권 국가의 B2B 마케팅에서 가장 중요한 B2B 소셜미디어 마케팅 도구 중 하나입니다. 저는 2011년에 링크드인을 접했고 2012년부터 본격적으로 시작했습니다. 2013년에는 《링크드인 무작정 따라하기》라는 책을 출간하고 강의를 진행하기도 했는데 글로벌에서의 성장만큼 한국에서의 성장이 빠르진 않았습니다. 만약 우리나라가 영어권 국가였다면, 링크드인은 한국에서 훨씬 빠른 성장이 가능했을 것입니다. 사실상 현재는 국내에서 양적 성장을 논하기에는 링크드인의 위치가 조금 애매하기는 합니다.

링크드인은 주로 채용, 구직, 파트너 발굴 등 용도로 사용하고 있지만 국내 기업 입장에서 보자면, B2B 해외 매출을 올리기 위한 해외 비즈니스 파트너 발굴에 더 많이 쓰이고 있습니다.

적어도 한국에서는 B2B 용도로 링크드인보다 페이스북을 사용하는 편이 더 유리합니다. 이것은 해당 소셜 미디어의 사용자 숫자와 관련이 있습니다. 일단 사용자가 많아서 임계치를 넘어야 무엇이든 할 수 있기 때문입니다. 만약 해외 B2B 파트너 발굴을 위한 링크드인 사용법을 알고 싶다면 한국무역협회에서 매년 관련 교육을 진행하고 있으니 신청하는 것도 좋을 것입니다.

1) 링크드인 인메일 이용하기

링크드인의 자체 프리미엄 메시징 도구 InMail의 효율성은 상당합니다. 일반 개인의 이메일은 스팸으로 가득 차 있기 때문에 인메일이 조금 더 가치 있습니다. 링크드인 프리미엄 회원이 되면 인메일 크레딧을 사용해 1촌이 아닌 회원에게 직접 이메일을 보낼 수 있습니다. 인메일을 보내려는 링크드인 회원의 프로필로 이동해 메시지 버튼을 클릭하면 됩니다. 개인이 사용가능한 링크드인 프리미엄 회원 중에 가장 높은 단계인 '리쿠르팅 회원'의 경우, 매월 30건의 인메일을 사용할 수 있습니다. 하지만 30건을 다 사용하더라도 추가 구매가 가능합니다.

저희 회사가 B2B 마케팅에 링크드인을 사용한 사례를 말씀드리면 링크드인에는 수많은 글로벌 기업의 한국 지사에 근무하는 담당자가 많습니다. 그 중에는 당연히 B2B 기업도 많습니다. 링크드인은 기본적으로 프리미엄 기능에서 프로필을 조회할 수 있으며, 헤드헌터도 이 방법을 동일하게 사용합니다. 저는 회사에서 글로벌 기업의 마케팅 담당자와 링크드인 인메일 기능을 통해 커뮤니케이션하고 있습니다. 또한 이러한 컨택은 성사율이 상당히 높기 때문에, 유료강의를 무료로 제공하거나, 기념품, 도서제공 등의 이벤트도 다른 B2B 채널보다 더 많은 예산을 들여서 진행하고 있습니다.

2) 링크드인 프로필 작성하기

링크드인에서 여러분의 프로필이 조회되면 더 많은 B2B 비즈니스 기회를 얻을 수 있습니다. 기본적으로 링크드인은 각 분야의 전문가가 프로필 기반으로 모인 소셜 미디어이기 때문입니다.

프로필을 작성할 때, 프로필 사진이 있으면 사진이 없는 프로필보다 B2B 거래처의 눈에 뜨이고 신뢰를 줄 확률도 더 높아집니다. 담당자가 여러분의 링크드인 프로필을 조회할 때 차별화를 줄 수 있는 가장 간단한 방법이기도 합니다. 또한 B2B 마케팅은 최종적으로 대면 미팅을 하는 경우가 대부분이므로 아무래도 얼굴을 기억하는 것이 이름을 기억하는 것보다는 진행에 더 용이하기 때문에 프로필 사진이 중요합니다. 한 가지 조언을 드린다면 페이스북, 인스타그램, 카카오 프로필처럼 개인 성향이 드러나거나, 편안한 상태의 프로필 사진보다 좀 더 프로다운 느낌을 주는 프로필 사진이 좋습니다. 전문가로서 첫인상이 친절해 보이면서 전문능력이 부각되는 사진인지 확인하시기 바랍니다. 그렇게 해야 조금 더 프로다운 인상을 줄 수 있고, 소속 회사의 전문성을 더 어필할 수 있습니다.

또한 업계에 강한 인상을 남길 헤드라인을 작성하기 바랍니다. 본인의 B2B 커리어를 간단하게 해당업계에서 사용하는 국/영문 키워드로 입력하기 바랍니다. 최대 120자까지 입력할 수 있습니다. 본인의 직업과 소속 회사, 주요 업무 스킬을 키워드로 뽑아서 구체적으로 입력하시기 바랍니다. 링크드인 프로필은 특히 구글에서 쉽게 검색됩니다. 검색을 통해 B2B 관련업계 사람들과 연결되므로, 구체적으로 작성하시기 바랍니다.

링크드인에는 추천란이 있습니다. 추천란은 함께 일했던 동료 및 상사가 추천 글을 남길 수 있게 하는 기능인데, 실제 이 기능을 잘 사용하는 사람들은 상당히 돋보입니다. 우리나라 이직 문화와 좀 다르기는 하지만, 해외에서는 현재 회사의 상사가 자연스럽게 부하직원을 추천하기도 합니다. B2B 측면에서 볼 때도 추천은 상당히 유용합니다. 본인이 강조하고 싶은 스킬이 추천에 포함될 수 있게 하는 것이 좋습니다. 어떤 분야의 전문가이며 왜 추천한다는 이유가 들어가야 합니다. 여러분의 상사나 납품업체, 관련 대기업에 근무하는 분께 부탁해 보기 바랍니다.

프로필은 반드시 공개로 설정하시기 바랍니다. 개인적으로 사용하는 소셜 미디어처럼 두루뭉실 적을 필요가 없습니다. 특히 B2B 업계에서 전문가로 이직을 생각하거나 글로벌 기업으로 이직을 고려한다면 필수요소입니다.

초반에 확보한 1촌을 바탕으로 링크드인 자동 추천에서 비슷한 사람을 1촌으로 추천해 주기 때문에 쉽게 비즈니스 인맥을 확장할 수 있습니다. 거래처 담당자가 링크드인을 검색할 때는 업계의 특정 키워드를 입력해 검색을 시작합니다. 주요 키워드를 살핀 후 해당 키워드가 본인 프로필에 포함될 수 있도록 하기 바랍니다.

연결하고자 하는 B2B 비즈니스 상대에게 돌려 말하지 말고, 간략하고 명료하게, 또 정중한 태도로 작성한다면 쉽게 1촌에게 회

필자의 링크드인 프로필

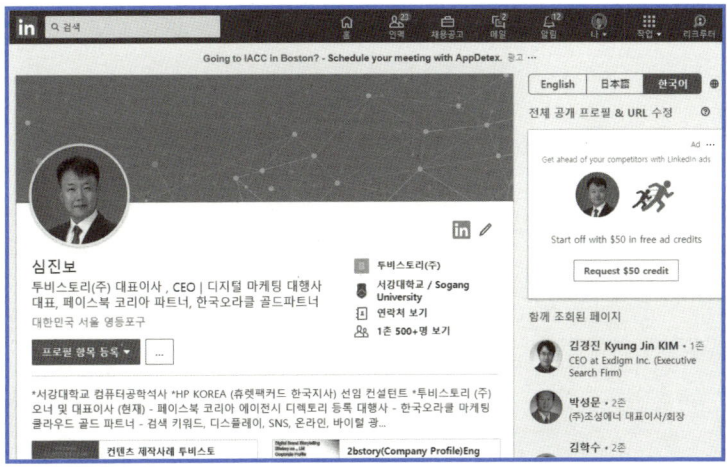

신 받을 수 있습니다. 또한 페이스북 그룹과 유사한 개념으로, 링크드인 역시 공통 관심사에 대한 정보를 교환할 수 있는 그룹이 있습니다. 그룹은 본인이 관심 있는 분야의 1촌을 늘리면서도 추천을 받을 수 있는 기회이기도 합니다. 많은 그룹에 가입할수록 B2B 업계의 접점도 더 많이 늘어납니다. 그룹에서 적극적으로 활동하면 여러 가지 비즈니스 제안을 받을 수도 있습니다.

6장 .. 동영상 마케팅과 광고

검색엔진 최적화(SEO)

SEO는 Search Engine Optimization의 약자로 검색엔진 최적화를 뜻합니다. 구글, 네이버, 다음 등의 검색엔진에서 노출하는 검색 결과를 브랜드에 유리하도록 잘 노출하는 활동을 의미합니다. 기본적으로 사용자들은 구매, 정보습득 등의 특정 의도를 가지고 정보를 검색합니다. 사용자가 검색엔진을 활용하는 패턴을 보면 대부분 1페이지에 노출되는 정보를 주로 이용하고 2페이지 이상은 잘 보지 않는 경향이 있습니다. 그래서 기업 입장에서는 검색 결과의 1페이지에 최대한 브랜드에 유리한 내용이 많이 노출되게끔 최적화하려는 노력이 필요합니다. 그래서 SEO가 중요합니다. 1페이지에 정보가 어떻게 노출되는지에 따라, 특히 상업적 목적을 가진 기업일수록 상당히 다른 세일즈 결과를 얻게 될 것이기 때문입니다. 그렇다면 검색 결과 1페이지는 어떻게 정렬되는 것일까요? 구글, 네이버, 다음 등 검색 엔진마다 다른 알고리즘을 적용합니다. 검색 결과에서 광고 영역을 제외한 나머지 영역은 대부분 SEO에 영향을 받습니다. 각 검색엔진이 검색 로봇에 의해, 검색 결과를 쉬지 않고 수집해서 정렬해 보여주는 결과입니다. 이때 검색 로봇이 수집하고 정렬하는 알고리즘과 기준을 학습하고 반영하는 것이 바로 SEO 영역입니다. 그리고 각 검색엔진별로 검색 결과의 정렬 기준을 일부 공개하는데 그 기준에 따라 노출됩니다. 해외에서는 SEO를 학문의 한 영역으로 볼 만큼 SEO 관련 연구와 학습이 활성화되어 있습니다.

기업 입장에서 직접 SEO 하기는 쉽지 않습니다. 그러나 검색엔진에서 공개한 기준을 따른다면 어느 정도는 가능합니다. 우선 대표적인 국내 검색엔진인 네이버에서 SEO를 진행한다고 해봅시다. 가장 기본적인 것은 '네이버 웹마스터도구'라는 네이버 제공 웹사이트를 활용해 자신의 사이트를 관리할 수 있습니다. 아래의 URL을 방문해서 시작할 수 있습니다.

네이버 웹마스터 도구
https://webmastertool.naver.com/

네이버 웹마스터도구에서는 웹 표준 최적화 가이드를 제공하고 있습니다. 이 기준을 따르면 홈페이지를 최적화할 수 있습니다. 마찬가지로 구글 역시 검색엔진 최적화 초보자 가이드를 제공합니다.

구글 검색엔진 최적화 초보자 가이드
https://support.google.com/webmasters/answer/7451184?hl=ko

위의 정보를 확인하면 SEO를 위한 콘텐츠 최적화 방법과 이미지 최적화 방법 등을 찾아볼 수 있습니다. 이렇게 각 검색엔진에서 제공하는 기본적인 가이드라인에 따라서 현재 웹사이트를 최적화 하는 방법 이외에 또 무엇을 할 수 있을까요?

B2B 마케팅 입장에서 진행할 수 있는 것은 첫째, 되도록 웹사이트 제작 초기부터 외주 웹에이전시에 'SEO 기준에 입각한 웹사이트 제작'을 요청하기 바랍니다. 해당 외주업체가 SEO 관련 경험이 있다면 제작 단계부터 SEO 관련 도움을 줄 수 있습니다. 둘째, SEO가 가치가 있다고 생각해서 더 투자할 만하다고 하면 외주 SEO 대행사나 전문가에게 의뢰하는 방법이 있습니다. 분명히 해야 할 것은 SEO가 정말로 투자할 가치가 있는지 분명히 고려해야 한다는 점입니다.

제가 필드에서 경험한 바로는 국내 SEO는 해외와 상당히 다른 구조를 가지고 있습니다. 일단 검색엔진의 75%를 네이버라는 토종 검색엔진이 점유하고 있다는 점, 네이버는 타 검색엔진에 비해 광고영역의 비중이 상당히 높은 반면 SEO 적용 비중은 낮다는 점을 감안해야 합니다. 또한 네이버 블로그 영역에서는 어뷰징을 통한 SEO라는 합법적이지 않은 방법이 많은 것도 사실입니다. 해외 업체에서 타인 명의를 빌리거나 도용해 네이버 ID를 발급받아서 진행하는 어뷰징 SEO나 매크로를 통한 SEO 시장이 아주 크게 형성되어 있습니다.

사업자 입장에서는 광고를 할 것인지 SEO를 할 것인지 중에 어떤 것이 경제적으로 더 유리한지, 단순한 광고 입찰 비용뿐만 아니라 인력, 시간 같은 자원까지 고려해서 의사 결정해야 합니다. 네이버는 특히 경쟁 입찰에 의한 상위노출 광고가 워낙 활성화되어 있고 해당 상품을 우선 판매하는 것이 네이버의 광고 매출과도 직결되기 때문에 SEO의 틈이 별로 없습니다. 그러면 구글은 어떨까요?

만일 여러분의 비즈니스가 해외, 이를테면 영어권에서 검색을 통한 연결이 매출과 이어진다면 구글을 통한 영문 SEO는 의미가 있습니다. 실제로 국내 많은 기업이 해외 수출을 위한 SEO 전략을 쓰고 있으며 코트라와 같은 공공기관에서도 이를 돕기 위한 정기 교육을 하고 있습니다.

B2B 마케팅을 진행하는 입장에서는 이와 같은 현장 상황을 분명하게 인지하고 SEO를 준비해야 합니다. B2C에 비해 상대적으로 경쟁이 덜한 영역에서 SEO는 분명히 가치가 있습니다. 지속적인 검색 노출이 문의로 이어지고 다시 매출로 이어질 수 있습니다. 그러니 우선 각 검색엔진이 제공하는 기본 가이드를 최대한 따를

것을 권장합니다. 그리고 네이버 SEO는 검색 노출의 상황을 살펴보고 어뷰징으로 왜곡된 네이버 검색 상황에서 어떤 도구를 활용해 우리 브랜드를 노출할 것인지 검토하는 순서로 진행해 보기 바랍니다.

동영상 & 유튜브

요즘 가장 핫한 채널을 하나 고르라고 한다면 틀림없이 유튜브 YouTube라고 대답할 것입니다. 그렇다면 B2B 마케팅과 유튜브는 어떤 관계가 있을까요? 유튜브는 밀레니얼 세대, 혹은 Z세대로 분류되는 90년대생을 비롯한 젊은 계층에서 가장 많은 지속시간을 가집니다. 이제 이들은 검색과 정보 습득 과정 등 모든 채널을 유튜브로 한다고 합니다.

이와는 별개로 B2B 마케팅에서도 동영상 마케팅은 상당히 중요한 위치를 차지하고 있습니다. 최근 1-2년간 저희 회사로도 기업 소개 영상뿐 아니라, 브랜드, 제품, 서비스 홍보를 동영상으로 진행해달라는 의뢰가 점점 늘어나고 있습니다.

B2B 관점으로, 유튜브에서 '회사 소개 영상'으로 한 번 검색해 보기 바랍니다. 수많은 동영상을 찾아볼 수 있습니다. 도대체 왜 동영상 마케팅의 시대일까요? B2B 마케팅에서 동영상 마케팅을 어떻게 준비해야 할까요? 유튜브 마케팅은 B2B 마케팅에서 어떤

포지션을 가져가야 할까요?

우선 왜 지금 동영상을 통한 마케팅이 급격하게 늘어난 것인지 살펴보면, 당연히 모바일 시대 때문입니다. 게다가 과거처럼 어느 정도 수준에서 그치지 않고 무제한 데이터 서비스 같은 요금제 덕분에 사용자가 스마트폰에서 동영상을 소비하는 시간이 기하급수적으로 늘어나고 있습니다. 수년 전만 해도 데이터 비용 때문에 스마트폰으로 영화 한 편 볼 생각을 할 수 없었습니다. 그러나 지금은 다릅니다.

둘째, 동영상 광고의 단가입니다. 지난 몇 년 동안 동영상 광고 단가가 다른 디지털 광고에 비해 상대적으로 저렴해졌기 때문에 광고주가 동영상 광고를 많이 송출하는 이유도 있습니다. 동영상 광고가 다른 광고보다 저렴한 이유는 플랫폼 전쟁의 과열 때문입니다.

현재 동영상 시장은 격변기를 맞이하고 있습니다. 크게 페이스북과 유튜브의 플랫폼 선점 전쟁이라고 할 수 있습니다. 과거로 거슬러 올라가 보면 이들은 인수합병을 통해 유리한 고지를 점유하여 미래의 로드맵을 그리려는 시도와 관련 있습니다. 구글은 2006년에 스타트업으로 시작된 유튜브를 인수했습니다. 그리고 우리가 매일 보는 유튜브 광고를 삽입하기 시작합니다. 기본적으로 유튜브 광고는 구글 광고의 일부이며 구글 애드워즈에서 관리합니다.

2012년 구글에 이어서 페이스북도 인스타그램을 약 1조원에 인수했습니다. 그리고 페이스북이 인스타그램을 인수한 지 약 2년

뒤부터 본격적으로 인스타그램에 광고를 붙이고 광고 수익을 늘려나갔습니다. 페이스북은 개발자 컨퍼런스를 통해 매년 자사의 미래 로드맵을 발표하는데, 앞으로도 계속 모바일 메신저 회사 등을 통해 미래 로드맵을 확산하겠다고 발표하고 있습니다. 최근에는 인스타그램의 동영상 광고 시간을 2분으로 늘리고, 페이스북 동영상 재생 도중에 중간 광고를 삽입하는 등 다분히 유튜브를 의식하는, 동영상 시장에서의 매출 향상을 위한 시도를 하는 중입니다.

거기에 국내의 네이버와 카카오도 각각 네이버TV와 카카오TV라는 서비스명으로 동영상 시장에 뛰어들었습니다. 네이버는 동영상 시장에서 페이스북과 유튜브에 시장을 빼앗기고, 네이버TV가 제 역할을 하지 못하고 있습니다. 특히 네이버 사용자의 체류 시간이 짧은 것이 고민입니다.

플랫폼 절대강자인 페이스북과 구글의 동영상 플랫폼 전쟁과 네이버와 카카오의 적극적인 진입 때문에 광고주 입장에서는 행복한 고민을 할 수 있게 되었습니다. 플랫폼 전쟁과 시장 경쟁은 광고상품의 가격 전쟁으로 이어지고 광고 단가도 떨어지기 때문입니다. 이런 시기에 B2B 마케팅은 동영상 홍보를 위해 어떤 전략을 취해야 할까요?

일단 동영상 제작 자체를 홍보의 시작이라고 착각하면 절대로 안 됩니다. B2B 측면에서 동영상도 업계 관계자에게 도달하기 위한 도달률을 올리는 전략적 고려가 분명히 필요하며, 이를 위해 동영상 타깃 광고가 필요합니다. 동영상을 제작하면 소액이라도 대상 B2B 타깃 고객을 정해서 타깃 광고를 시작해 보기 바랍니다. 그래야 업계 관계자에게 제대로 노출할 수 있습니다.

특히 B2C 동영상 마케팅에 비해 B2B에서는 동영상 시청 대상을 분명히 확정해야 합니다. 시청 대상을 확실하게 정하고 나서 비로소 동영상 제작에 들어갈 수 있기 때문입니다. 예를 들어 B2B 마케팅에서 기술 관련 소프트웨어를 판매한다고 할 때 그 대상이 실무자라면, 해당 동영상은 마땅히 기술적 접근을 해야 합니다. 반대로 CEO 레벨이라면 비용 절감, 도입 후 손익분기점 등 경영적 관점으로 접근해야 할 것입니다.

B2B 마케팅의 흔한 실패 원인은 B2B를 진중하게만 바라보고 동영상으로 제품과 서비스만 소개하는 것입니다. 동영상을 활용해서 B2B를 알릴 때는 조금 더 쉽게 알리는 것이 좋습니다. 쉽게 설명한다고 해서 제품과 서비스에 대해 고민하지 않는다는 뜻은 아닙니다. 대부분의 소비자도 이런 점을 감안하고 동영상을 시청합니다. 그러므로 유튜브 마케팅을 꼭 B2C 마케팅에만 알맞은 도구라고 생각할 필요는 전혀 없습니다. 앞서 언급했다시피 B2B 마케팅에서는 항상 엄숙주의와 선입견이 문제인데, 유튜브로 B2B 홍보를 한다고 아무도 여러분의 제품과 서비스를 가볍게 보지 않습니다. 오히려 B2C 마케팅처럼 조회 수와 구독자 수에 부담을 가지고 채널을 운영할 필요도 없기 때문에 B2B 마케팅에서 유튜브는 부담감은 덜 하고, 노출은 더 늘릴 수 있는 효과적인 채널입니다. 팬 수와 좋아요가 적을까 봐 페이스북을 하지 못하고, 일일 방

문자가 적을까 봐 블로그도 하지 못하고 구독자와 조회 수가 적을까 봐 유튜브도 하지 못한다면, 아무것도 진행할 수 없습니다. 특히 B2B 마케팅은 불특정 다수의 대량 조회가 필요하지 않기 때문에 오히려 의미 있고 유리하다 할 수 있겠습니다.

유튜브 동영상 광고와 페이스북/인스타그램 동영상의 차이

페이스북의 동영상 시청 시간과 유튜브의 동영상 시청 시간은 상당히 다른 사용 패턴을 보입니다. 이는 유튜브에 비하여 페이스북과 인스타그램의 모바일 사용자가 훨씬 많기 때문입니다. 페이스북과 인스타그램으로 광고를 진행할 때의 통계치를 보면 90% 이상의 사용자가 스마트폰으로 접속하며, 동영상을 짧게 시청하는 경향을 보입니다. 반면 유튜브는 페이스북과 인스타그램에 비해 PC 접속이 많으며, 동영상 재생 시간 역시 더 길다는 특징이 있습니다. 여기서 우리가 단순히 왜 페이스북 사용자는 동영상 시청 시간이 짧고 유튜브 사용자는 동영상 시청 시간이 긴지 하는 분석에 그치지 않고 실제로 사용자 패턴에 맞게 동영상 광고를 만들고, 입찰하는 전략이 필요합니다.

다시 말해 페이스북과 인스타그램 광고를 만들 때는 유튜브에 비해 더 리듬감 있고 짧게 만들지 못하면 시청자를 잡지 못한다는 뜻입니다. 많은 광고주가 한 편의 영상을 편집점만 다르게 해서 다양한 길이로 페이스북 광고와 인스타그램 광고용으로 사용합니다. 그러나 경험 없는 다수의 B2B 기업은 단순하게 한 동영상을 똑같은 형태로 여러 플랫폼에 올리는 데에만 급급한 경향을 많이 보입니다. 따라서 플랫폼마다 다른 특성을 인지해 동영상 광고 전략을 세우는 것이 가장 중요합니다.

동영상 광고와 사운드

동영상 광고를 진행할 때 한 가지 분명히 명심해야 할 사항이 있습니다. 바로 동영상의 사운드입니다. 특히 유튜브 동영상보다 페이스북과 인스타그램 동영상에서 더욱더 중요합니다. 동영상 제작 시 스토리보드를 세울 때 사운드가 없어도 시청자가 동영상을 이해할 수 있도록 제작해야 한다는 점입니다.

스마트폰 동영상 시청은 공공장소에서도 많이 이뤄지며 자신의 방같이 아무도 없는 곳에서만 이뤄지는 게 아니기 때문에 시청자가 사운드를 들을 수 없는 상황에서 시청한다는 점을 충분히 고려해야 합니다. 물론 동영상의 가장 큰 특징 중 하나가 사운드지만, 반드시 사운드가 작동한다고 생각하지 말고 사운드가 없어도 이해할 수 있도록 자막을 강화하고 논리를 전개해서 제작할 것을 권장합니다. 이를 위해 동영상을 제작하기 전에 우선 동종업계에서 히트한 동영상부터 먼저 벤치마킹해 보기 바랍니다. 그리고 그 동영상의 사운드를 끄고 다시 보기 바랍니다. 대부분 사운드 없이 이해할 수 있을 것입니다. 사운드 없이 이해할 수 있는 동영상의 특징은 바로 자막입니다. 대부분 지상파 예능 프로그램의 동영상 자막을 벤치마킹한 경우가 많습니다. 많은 사용자가 스마트폰에서 동영상을 소비하기 때문에 항상 소리를 들을 수 있는 것이 아니므로 동영상은 사운드 없이도 이해할 수 있어야 합니다. 이 부분을 꼭 명심하고 B2B 동영상을 제작할 것을 권장합니다. 한 가지, B2B 동영상에서 사운드 없이도 이해할 수 있어야 하는 중요한 이유가 있습니다. 바로 해외 진출입니다. 많은 B2B 영상이 해외 진출을 고려해 영상을 제작하며 영상의 주요 내용을 자막으로 처리합니다. 동영상을 유튜브에 업로드할 뿐만 아니라 회사 공식 홈페이지에 공개하거나 바이어에게 보내기도 합니다. 과거에는 영어, 중국어, 일본어 등 주요 언어별로 성우의 더빙을 입혀서 배포했습니다만 현재 B2B 동영상의 트렌드는 단일 동영상의 자막 변경으로 이루어져 있습니다.

7장 .. 블로그 마케팅과 온라인 보도자료

블로그 마케팅

일반적으로 블로그 마케팅이라고 하면, 사람들은 B2C의 체험 후기 마케팅을 떠올리기 쉽습니다. 하지만 B2B 마케팅의 블로그는 폭넓게 지속적으로 활용할 수 있는 좋은 도구입니다. 기업의 공식 블로그 채널이 대표적입니다. 홈페이지는 정적 채널이기 때문에 그렇지 않아도 딱딱하고 어려운 B2B를 소프트하게 풀어내기가 어렵습니다. 그렇지만 B2B 블로그 마케팅은 홈페이지보다 유연하게 제품과 서비스에 대한 콘텐츠를 풀어낼 수 있기 때문에 여러모로 유용한 마케팅 도구입니다. 하지만 B2B 블로그 마케팅에서는 B2C 마케팅과 같은 감성적인 접근보다 전문 지식과 최신 정보를 조금 더 쉽게 풀어내야 하기 때문에 B2C에 비해 좀 더 전문적인 영역에 속하며 필진 구성도 중요합니다.

B2B 마케팅 블로그 채널의 기본적인 운영 미덕은 B2C 블로그와 마찬가지로 지속성입니다. B2B 제품과 서비스에 대한 스토리텔링이 꾸준히 이뤄져야 합니다. 물론 B2C 블로그 채널처럼 실시간 검색과 관련한 드라마틱한 일일 방문자 수가 없더라도 실망할 필요는 없습니다. 노출 빈도가 높지 않아도 설득력 있는 콘텐츠가 검색되고, 여러분의 제품과 서비스를 잘 노출할 수 있는 세부적인 전략이 필요합니다. 그러면 누적 활동을 통해 매출이 발생합니다.

B2C 블로그 마케팅에서 중요한 설정은 바로 카테고리입니다. 카테고리 설정은 블로그 운영정책에서 주제와 관련되기 때문에 매우 중요합니다. B2C 마케팅에서는 흔히 일상, 신변잡기, 스포츠, 정치를 포함한 여러 카테고리를 포함해서 기본 설정을 구성하고 트래픽을 받기도 합니다. 하지만 B2B 마케팅에서 블로그 채널 카테고리를 이렇게 구성하면 많이 가벼워 보이는 것도 사실입니다. B2B 마케팅에서는 비즈니스와 관련한 내용을 중심으로 카테고리를 구성하고, 여기서 좀 더 주제를 넓힌다면 업계 전반을 다루는 형태로 나아가는 편이 좋습니다. 특히 제 경험으로는 B2B 블로그 운영에서 중요한 카테고리 중 하나가 바로 레퍼런스입니다. 즉 납품 사례, 판매 사례, 시공 사례, 구축 사례 등입니다. 제가 광고 대행을 하면서 B2B 공식 블로그 운영과 관련해 가장 많은 요청을 받기도 하고, B2B 가망 고객이 가장 많이 설득당하기도 하는 카테고리 역시 바로 레퍼런스입니다.

우리 제품과 서비스가 홈페이지처럼 잘 짜여 있지 않다고 하더

블로그 마케팅 카테고리 설정 사례

라도 다양한 레퍼런스를 서술해 보는 연습이 필요합니다. 많은 경우에 B2B 고객은 실제 제품과 서비스가 적용된 사례를 보고 의사결정을 하는 경우가 많기 때문입니다. 레퍼런스 마케팅에서 필요한 것은 적용 사진, 동영상, 고객 인터뷰 등이 일반적입니다. 이는 고객에게 고가의 B2B 제품 판매를 설득하는 데 정보와 신뢰를 주는 검색 마케팅 창구 역할을 합니다.

제가 경험한 사례를 들어보겠습니다. 기업에 중고가구와 가전을 납품하는 V기업은 매번 설치 담당자가 납품 현장에 갈 때마다 카메라를 들고 납품 현장의 사진을 찍어 옵니다. 내용은 납품 전후의 Before/After 사진입니다. 그리고 사진과 함께 현장의 스토리를 요약해서 저희 회사로 보내오면, 저희 회사 담당자는 해당 내용을 검색엔진 최적화에 입각해서 블로그 포스팅으로 진행합니다. 레퍼런스 마케팅의 중요성이 크기 때문에 많은 고객이 저희 회사에 블로그 포스팅을 의뢰하고 있습니다.

기업 공식 블로그 운영과 플랫폼 선택

B2B 마케팅에서 기업의 공식 블로그는 기업의 마케팅 담당자 개인보다 기업의 대표이사 명의나, 사업자등록번호를 이용해서 개설하는 편이 더 좋습니다. 담당 직원의 개인 명의로 공식 블로그를 만드는 것은 권장하지 않습니다. 저는 담당 직원의 퇴사와 관련해 블로그의 소유권 문제가 일어나거나 콘텐츠 백업조차 받지 못하는 일을 아주 많이 보았고 관련 고민도 많이 들었습니다. 특히 중소기업에서 흔히 일어나는 일이며 이런 일이 드물 것 같은 상장기업에서도 종종 일어납니다. 기업이 콘텐츠 퀄리티에는 신경 쓰면서도 민감한 소유권 문제에는 제대로 대응하지 못하는 경우입니다. 따라서 B2B 마케팅을 할 때 블로그는 반드시 기업의 공식 블

로그를 생성하는 시점부터 소유권에도 신경 써야 합니다.

그러면 공식 블로그를 개설할 때는 어떤 플랫폼을 선택해야 좋을까요? 네이버 블로그를 선택하는 경우는 블로그가 빨리 성장한다는 장점이 있습니다. 또한 〈파워컨텐츠〉라는 공식 블로그와 연동된 네이버 광고 상품을 이용하기도 좋습니다. 그러나 많은 경우 욕심 때문에 어뷰징을 해서 네이버 블로그가 저품질이 되고, 검색도 제대로 되지 않아 성장이 멈추는 일도 많습니다. 흔히 말하는 저품질 블로그란 블로그 노출 순위가 하락해서 노출이 잘 되지 않는 블로그를 의미합니다. 네이버에서 볼 때 부적절하게 블로그를 사용한다고 판단하면 저품질로 분류합니다. 주요 증상으로는 검색을 통한 유입이 거의 없고 글을 쓰고 나서도 내가 쓴 글이 검색되지 않을 정도의 현상이 나타날 때 저품질이라고 합니다.

처음부터 블로그를 운영하지 않았고, 기존 블로그를 인수인계 받는다면 반드시 저품질 문제부터 체크할 필요가 있습니다. 특히 B2B 블로그는 B2C에 비해 일일 방문자의 양적 성장이 쉽지 않습니다. 그러나 고객이 방문자 증대의 성장 위주에 비중을 두고 블로그 운영을 의뢰할 때는 문제가 생기기도 합니다. 대행사가 고객의 동의도 받지 않고 오로지 성장만을 위해서 방문자 수 어뷰징 작업을 진행해 버린 결과 블로그가 저품질에 걸리는 일도 많이 볼 수 있습니다. 저품질 블로그는 복구가 쉽지 않습니다. 때로는 저희 회사에서도 어떻게 운영해도 도저히 대책을 세울 수 없을 만큼 망가진 B2B 공식 블로그의 의뢰를 만나기도 합니다. 기업 입장에서는 이렇게 상태가 악화되기 전에, 과도한 욕심을 내기보다 꾸준하게 양질의 콘텐츠를 누적한다는 전략으로 꾸준히 블로그를 운영할 것을 추천합니다. 다시 강조하지만 B2B 기업 공식 블로그의 가장 큰 미덕은 꾸준함입니다. 꾸준함으로 얻는 유익이 가장 크다는 사실을 기억하기 바랍니다.

네이버 블로그 외에 티스토리, 워드프레스 등의 플랫폼도 많이 이용합니다. 네이버가 상대적으로 방문자를 늘리기에 용이하지만 디자인과 외부 플랫폼 연동에 제약이 있는 반면 다른 플랫폼은 자유로운 디자인과 외부 솔루션과의 연동이 가능합니다. 다만 방문자를 늘리는데 상대적으로 더 많은 시간이 걸린다는 단점도 있습니다. 따라서 블로그 운영 경험이 많지 않은 때에는 우선 네이버에서 시작하는 편이 좋겠습니다.

네이버에서 공개한 네이버 공식 블로그 정보

B2B 기업은 개인이 아닌 기업 공식계정으로 네이버 블로그를 운영할 가능성이 큽니다. 네이버에서는 기관, 기업, 단체 등 각 분야에서 직접 운영하는 블로그임을 알려주면 자격을 확인해서 공식 블로그로 인증하고 있습니다. 분야별로 등록 대상에 포함되는 경우 기준에 따라 직접 운영하는지 여부를 확인해서 공식 엠블럼을 표시합니다.

네이버가 공식 블로그를 확인하는 절차는 아래와 같습니다.

① 서류(사업자등록증, 고유번호증 등)를 제출받아서 확인합니다.
② 공식 홈페이지에서 블로그로 연결되는 링크 배너가 있는지 확인합니다.

자세한 것은 네이버 검색창에서 '네이버 공식 블로그'를 검색하거나, 아래 링크에 가서 관련 내용을 확인하면 됩니다.

http://section.blog.naver.com/OfficialBlog.nhn?currentPage=1

언론 PR과 보도자료

언론 PR과 보도자료 작성에서 B2B 마케팅 담당자가 구분해야 할 사항이 있습니다. 바로 PR과 보도자료 배포의 차이점입니다. 실무적인 의미에서 언론 PR은 브랜드가 대중과 호의적인 관계를 가져가기 위해 수행하는 언론홍보 활동을 뜻하고, 보도자료 배포는 기자들에게 기사 배포를 요청하기 위해서 작성하는 문서를 의미합니다.

그런데 사용자가 포털에서 뉴스를 보기 시작하면서부터, '온라인 보도자료'라는 용어를 흔히 사용하고 있습니다. 온라인 보도자료 배포는 주로 네이버 통합검색 '뉴스탭'에서 노출하기 위한 보도자료 배포 활동이라고 이해하면 됩니다. 하지만 실제로는 보도자료 배포가 아니라 대행사를 통한 온라인 기사 구매입니다. 네이버의 영향력이 워낙 커지다 보니 실제로 이런 일이 일어나고 있고, 네이버 뉴스탭의 영향력이 온라인 마케팅의 전반적인 영역에서 크게 자리 잡고 있다고 보면 됩니다.

그래서 요즘 온라인 마케팅에서 보도자료라고 부르는 업무는 거의 대부분 온라인에서 네이버라는 포털의 특정 키워드를 통합검색할 때 해당 기사가 뉴스탭에 걸릴 수 있도록 송출하는 것을 의미합니다.

여러분이 마케팅 쪽에서 일한다면 이렇게 보도자료 송출 대행을 홍보하는 송출사의 이메일을 한두 번 받아봤을 것입니다. 왜 온라인 보도자료를 중요하게 여길까요? 아무래도 SEO(검색엔진 최적화) 때문입니다. 요즘은 네이버 검색 노출의 대혼란기라서 100% 노출을 보장하는 바이럴 상품이란 존재하지 않습니다. 흔히 말하는 바이럴에서 네이버 노출 보장형 상품이라는 건 남의 블로그를 구매해 대신 작성해서 이루어지는 어뷰징 영역입니다. 이른바 언더마케팅입니다.

이러한 혼란한 시기에 네이버 통합검색에 아무리 짧은 기간이라도 100% 노출을 보장하는 상품은 보도자료뿐입니다. 조금 더 실무적인 설명을 하자면 온라인 광고대행사는 각 언론매체 또는 송출사로부터 매월 온라인 보도자료 송출 단가표를 받습니다. 실제로는 기사지만 다들 온라인 보도자료 또는 보도자료로 호칭합니다. 온라인 보도자료 단가표를 보면, 저희 회사와 같은 온라인 광고대행사가 송출하는 보도자료는 보통 ABC 등급으로 나뉘어 있습니다. 이것은 언론사 순위라기보다 송출업체가 편의상 묶어둔 그룹으로 보면 됩니다. 일반적으로 고객 인지도나 선호도와 관련이 있습니다. 그러나 자세히 알아보면 실제로 우리가 아는 신문사와는 다른 별도의 계열사입니다. 요즘 언론사는 TV(종편), 오프라인 신문, 온라인 신문 등의 계열사를 보유하고 있는데 보도자료는 온라인 신문 지면에 노출되며 다시 네이버 통합 검색의 뉴스탭에 노출됩니다. 그리고 이 등급은 온라인 기사의 송출 비용 순서라고 보면 됩니다. A급은 조선, 중앙, 동아를 비롯한 이른바 조중동입니다. 대중적 인지도가 있는 언론사는 모두 A급 자료 송출 언론입니다. 그다음 경제지가 주류인 한국경제, 매일경제, 서울경제 등이 B급, 그리고 C급은 A, B급을 제외한 여러분도 이름을 들어본 언론사가 될 것이며 실제 지면은 없고 온라인판만 있는 언론이 다수 포진해 있습니다. 마지막 D급 언론은 각종 스포츠, 연예 카테고리 언론과 지방언론, 평소에 이름을 들어보지 못한 언론사로 분류됩니다.

　실제 네이버에 단순히 노출되는 것만이 목표라면 언론사 등급은 중요하지 않습니다. 가망 고객은 일단 언론사 이름보다 네이버 노출 자체를 보기 때문입니다. 단 B2B의 특정 산업에 따라서는 해당 직종 종사자가 신뢰하는 언론사가 있을 수도 있습니다. 그럴 때는 특정 언론사를 고려할 필요성도 있습니다.

한 가지 알아두면 유용한 것은 모든 산업 카테고리가 보도자료를 통해 네이버 뉴스탭에 송출될 수 있지는 않다는 점입니다. 업종에 따라 보도자료 송출이 되는 업종과 되지 않는 업종이 있습니다. 교육, 의료, 부동산과 같이 관련 법규가 엄격하거나 사회적 파장이 큰 카테고리는 때에 따라 보도자료 송출이 되지 않는 경우도 생깁니다. 민감한 카테고리는 단순 보도자료 보다 정보 전달성 인터뷰나 칼럼 식으로 전달하는 경우도 많습니다.

　예를 들면 의료는 상당히 민감한 카테고리입니다. 단순 광고성 기사로는 의료 및 병원 광고를 송출하기 어렵습니다. 그래서 주로 사용하는 방법이 병원장의 의료 칼럼 형태의 보도자료입니다. 이런 보도자료는 B2B에서도 한번 잘 생각해 볼 필요가 있습니다. 왜냐하면 기사라는 것은 정보성과 광고성 콘텐츠의 비율이 적당히 섞여져야 읽는 의미가 있을 텐데 B2B 필드에 있다 보면 보도자료를 처음 작성할 때 광고와 정보의 비율을 제대로 조절하지 못하는 경우를 많이 봅니다. 다른 보도자료를 많이 보는 것도 도움이 됩니다. 네이버의 뉴스 정렬은 최신순과 관련도순이 있는데 보도자료는 관련도순 정렬에 더 의미가 있습니다.

　보도자료 작성에서 중요한 점은 많은 포털 이용자가 언론 보도자료와 실제 기자가 쓴 뉴스를 잘 구분하지 못할 때가 많고, 오히려 이런 틈새를 노리는 보도자료도 많다는 사실입니다. 특히 연령이 높은 층이나 인터넷 환경에 익숙하지 않은 사람들은 포털의 뉴스탭 기사가 실제 신문 지면에도 실린 기사라고 오해하는 경우가 많기 때문입니다. 그래서 노년층을 대상으로 하는 보도자료 중에는 낚시성 성격도 많이 보이는 게 사실입니다.

앞서 저는 국내에서 보도자료가 의미 있는 이유가 네이버 때문이라고 말했습니다. 많은 기업이 네이버 통합검색에 노출되기를 원합니다. 대행사에서 주장하는 성공 보장형 광고도 있다지만 실제 바이럴 마케팅에 100% 노출이라는 것은 있을 수 없습니다. 그러면 이런 상황에서 보도자료 송출은 구체적으로 어떤 의미를 가질까요? 저는 여러 가지 '조커' 역할을 할 수 있다고 생각합니다.

온라인 보도자료는 지속성은 확실하게 보장하지 않지만 비용을 지불하면 100% 노출되는 속성이 있습니다. 보도자료 경쟁을 바라보는 시선을 한 번 가져볼까요? 예를 들어 네이버에서 '강남역 맛집'을 검색하고 보도자료 탭을 보면 오늘 하루 몇 개의 글이 올라왔다는 것을 확인할 수 있습니다. 송출 날짜를 살펴보는 것이 특히 의미 있습니다. 뉴스의 간격이 짧으면 짧을수록 경쟁이 심하다는 뜻입니다. 독자 여러분이 종사하는 산업 분야의 키워드를 쳐보면 더욱 유용할 것입니다.

일반적으로 보도자료는 대부분 평일 주간에 송출 가능합니다. 하나의 보도자료로 두 개의 비즈니스 키워드를 잡을 수도 있습니다. 이를테면 '강남역 맛집'과 '역삼역 맛집'을 하나의 보도자료로 노출하기 원한다면, '강남역과 역삼역 사이의 맛집 XXX' 식으로 송출하면 됩니다. 보도자료를 보면 대부분 사진 1장만 들어 있는 것을 볼 수 있습니다. 이것은 일종의 규격이라고 생각하면 됩니다.

일반 기사에는 사진이 여러 장 들어가지만 보도자료는 대부분 1장의 사진만 들어가며 전화번호나 홈페이지 URL 등은 노출을 제한하는 경우도 많습니다.

보도자료는 여러 가지 용도로 사용할 수 있습니다. 기업 위기관리 이슈에도 많이 사용하는데, 특정 기업 제품의 위생에 문제가 생겨서 뉴스가 나온다면 해당 기업의 다른 제품 세일 보도자료를 정보성으로 송출하는 사례 등을 흔히 볼 수 있습니다.

추가적으로 네이버에는 뉴스묶음 기능이 있습니다. 과거에는 비슷한 보도자료나 기사가 많이 나오면, 나올 때마다 네이버 뉴스탭에서 하나의 탭을 점유했지만 수년 전부터 비슷한 보도자료나 기사를 묶어서 하나로 적용하도록 네이버가 뉴스탭을 바꿨습니다.

보도자료 작성에서 한 가지 유의할 사항은 반드시 송출하기 전에 여러 번 확인해야 한다는 점입니다. 일반적으로 보도자료는 송출되고 난 다음에는 수정되지 않는 경우가 많기 때문입니다. 그리고 B2B 마케팅에서 보도자료가 중요한 이유는 B2C 마케팅에서는 반드시 많은 사람이 보고 여론을 형성해야 한다는 것보다 우리 제품과 서비스를 구매할 가능성이 있는 기업이 단 한 번이라도 보면 되기 때문에 반드시 최신 기사가 아니더라도 우리 회사가 판매하는 핵심 제품의 키워드를 잘 선정해서 보도자료를 송출해야 합니다. 보도자료를 통해서 연락이 오고 견적서를 주고받을 수 있다면 그 자체로 보도자료의 기능을 수행한 셈입니다.

마지막으로 B2B 기업에서 언론 PR이 많이 필요한 부분이 있습니다. 바로 사회적 책임입니다. 최근 기업의 사회적 책임을 강조하면서 많은 기업이 이웃과 소외 계층에 대한 사회 공헌 활동을 진행하고 있습니다. 기업의 사회공헌 활동은 비단 B2C를 주력으로 하는 기업에만 한정되지 않습니다. B2B 기업의 사회적 목소리를 브랜드 행동주의에 입각해서 보여주는 기업도 많습니다. 보도자료와 언론홍보는 기업의 사회공헌을 홍보하기에 좋은 채널입니다. 특히 온라인은 경제적인 가격으로 보도자료를 송출할 수 있고, B2B는 검색량도 많지 않기 때문에 여러분의 회사가 보도자료를 내면 상당히 오랫동안 네이버에 노출될 가능성도 있습니다. 어쩌면 B2B 가망 고객은 여러분의 회사의 제품과 서비스를 접하기 전에 사회공헌 활동으로 먼저 여러분의 회사에 대한 좋은 이미지를 갖게 될 것입니다.

오라클, HP, IBM처럼 금방 생각했을 때 일상생활에 직접적 연관성을 찾기 어려운 B2B 기업도 국내에서 상당히 많은 사회적 활동을 하고 있습니다. 이런 활동을 보도자료와 함께 내는 것이 좋습니다. 설령 보도자료가 조금 오래되었다 해도 큰 지장은 없습니다.

8장 .. 마케팅 자동화와 이메일 마케팅

과소평가된 이메일 마케팅

B2B 마케팅에서 이메일 마케팅은 아무리 강조해도 지나치지 않습니다. 어떻게 보면 B2B 마케팅에서 핵심 포인트라고 할 수 있습니다. 최근 이메일 마케팅 자동화가 부각되면서 다시금 주목받고 있기도 합니다.

제 생각에는 좁게 보면 이메일 마케팅을 잘하기 위한 첫걸음은 명함 관리부터라고 생각합니다. 20년 정도 B2B 마케팅 필드에 있으면서 1만 장의 명함을 모았습니다만 이메일 마케팅이 실제로 빛을 보기 시작한 시점은 명함첩으로 오프라인 명함을 관리하던 때가 아닌 명함을 모두 명함관리 앱으로 스캔해 관리하던 때부터였습니다.

여러분도 반드시 명함관리 앱으로 명함을 스캔해서 이메일, 연락처, 직함, 회사명 등을 별도 필드로 관리하기 바랍니다. 제가 필드에서 많이 느끼는 점은 다들 이메일 마케팅 시대가 갔다고만 이야기하면서 이메일 마케팅이 얼마나 정교하게 고도화하는지 간과하는 면이 있다는 점입니다. 이메일 마케팅은 아주 저렴한 가격에 진행할 수 있는 마케팅 기법입니다. 과소평가하지 말고 반드시 이메일 마케팅을 진행할 것을 권합니다. 특히 개인적 경험에서 스팸메일 때문에 생긴 부정적 인상만 생각하지 말고, B2B 영역에도 이메일 마케팅을 적용해 보기 바랍니다. 이메일 마케팅의 시작은 습관입니다. 매일매일 명함을 모으는 습관, 매일매일 업계 관련 뉴스를 수집하는 습관 등 어떻게 보면 부지런해야 가능한 마케팅입니다. 뉴스레터 마케팅이라고도 흔히 알려져 있지만, 그렇게 거창할 필요는 없습니다.

저 역시 이메일을 상당히 많이 쓰는 편입니다. 과거에 직장생활 할 때 선임자로부터 들은 이야기가 있습니다.

"영업은 테니스와 같아서, 공이 나에게 날아올 때 내가 다시 쳐내면 다음 공이 날아올 때까지 시간을 벌 수 있고, 생각할 수 있는 시간을 가질 수도 있다."

생각할 시간뿐 아니라 이메일로 업무 진도를 나가면, 회신이 올 때까지 다른 업무를 할 수도 있습니다. 이메일을 잘 쓰면 여러분이 비즈니스 파트너에게 숙제를 내줄 수도 있고, 상대방이 그 숙제를 하는 동안 다른 영업이나 마케팅을 할 수도 있습니다.

이메일 마케팅에서 유의해야 할 점

회사에서 사용하는 업무용 공식 이메일 주소가 있음에도 불구하고 네이버, 다음 같은 이메일을 업무 용도로 쓰는 경우 상당 부분 상대방의 신뢰를 떨어지게 만드는 결과를 초래합니다. 특히 B2B 기업은 소비자 접점이 많지 않고 어떤 기업인지 자세한 정보가 알려지지 않은 경우도 많기 때문에 가능한 빠른 시간 안에 신뢰를 주어야 합니다. 그러므로 개인 메일을 사용한다는 것 자체가 신뢰를 잃을 가능성이 많은 접근입니다. B2B 마케팅에서는 반드시 회사에서 발급한 공식 이메일을 사용해야 합니다. 그리고 회사명이 들어간 서명을 사용하기 바랍니다. 서명은 메일을 쓸 때나, 회신할 때, 전달할 때 등 언제든지 사용 가능합니다. 한 가지, 서명이 가져야 할 미덕은 너무 길지 않게 작성하는 것입니다. 대부분 국문과 영문으로 보안과 관련 고지까지 이메일 하단에 가득 채워 넣는 경우가 많습니다. 그리고 이미지로만 서명을 만들면 종종 서명이 보이지 않을 수 있습니다. 이메일 하단에 명함을 스캔해서 넣었는데 이미지를 불러오지 못하는 오류입니다.

　가급적 서명에는 이름, 회사명, 팩스, 회사 주소 등 꼭 필요한 정보만 넣도록 합니다. 저는 실제로 이메일을 주고받으면 현장 미팅을 할 때 주로 이메일 서명의 주소란에 있는 주소를 기준으로 방문하고 있습니다.

B2B 마케팅에서 특히 주니어 담당자가 자주 하는 실수가 있습니다. 바로 수신자입니다. 받는 사람, 참조할 사람, 숨은 참조할 사람의 의미에 맞게 이메일 마케팅을 해야 하는데, 잘 모를 때가 많습니다. 사내에서 표준화한 이메일 작성법과 의미 등을 교육하는 것이 좋습니다. 잘못된 이메일 작성 때문에 비즈니스가 위태로워지는 것을 자주 봅니다.

마지막으로 제목과 인사말입니다. B2B 마케팅에서 매너를 지키지 않는 이메일 발송을 많이 봅니다. 회사를 대표하는 B2B 이메일은 공식적인 느낌이 들게 해야 합니다. 이메일 제목에서부터 회사명을 분명히 밝히고 발신하는 것부터 친구에게 보내는 것처럼 줄임말이나 이모티콘을 쓰지 않는 것도 포함합니다. 의외로 필드에서 이런 디테일한 실수를 상당히 자주 접하게 됩니다.

대량메일 발송 솔루션

B2B 마케팅에서 어느 정도 회사를 위한 리드가 확보됐다면 정기적인 뉴스레터 발송을 통해 리드를 전환으로 이끌 수 있는 '리드 양육 과정'이 필요합니다. 제가 추천하는 메일 발송 솔루션은 비교적 저렴한 가격에 대량메일 발송 기능과 이메일 마케팅 자동화 기

능을 사용할 수 있는 메일침프라는 해외 솔루션입니다. 공식 홈페이지 www.mailchimp.com를 통해 가입하면 2,000명까지 무료로 리드 사용이 가능합니다. 한 가지 알아두면 좋은 점은 이메일 마케팅 자동화는 아직 국내 솔루션이 해외만큼 많이 발전하지 못했습니다. 해외의 대량메일 발송 솔루션은 지능형 스팸 발송 차단 기능이 있어서, 만약 여러분이 불법적 수단으로 어디선가 개인정보를 취

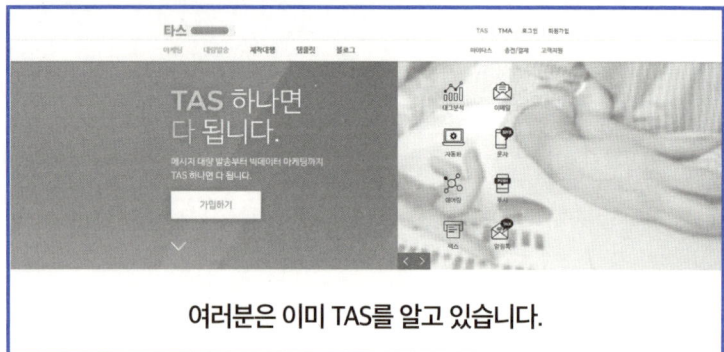

메일침프와 TAS

득해 해당 이메일을 발송리스트에 추가하면 경고가 뜨고 메일 발송이 되지 않습니다. 비용을 지불하고 메일을 발송하는 데도 이런 제약이 생기기 때문에 사용자 관점에서는 이해할 수 없는 정책일 수도 있지만, 사용자가 불법적인 DB를 업로드하는 경우 해당 DB를 사용하지 못하게 패턴을 추론해 찾아내서 막아 버립니다. 만약 이런 제약 없이 자유롭게 메일 발송 솔루션을 쓰고 싶다면 국산 솔루션을 권장합니다. 저는 'TAS www.tason.com'라는 국산 대량메일 발송 솔루션을 사용하고 있습니다. TAS는 외산처럼 발신자 측면의 기능 제약이 없고, 카카오톡 메시지도 연동할 수 있습니다.

대량메일 발송 솔루션에서 중요한 것은 오픈율과 클릭률입니다. 이메일을 열어서 읽는 것을 오픈율이라고 하며, 이메일 본문의 링크를 클릭하는 것을 클릭률이라고 합니다. 대량메일 발송 솔루션을 이용하면 이와 같은 수치도 통계적으로 살펴볼 수 있습니다. 오픈율과 클릭률 같은 주요 지표는 늘 잊지 말고 체크해야 하는 중요한 지표입니다.

마케팅 자동화

대부분의 오프라인 B2B 마케팅과 세일즈에서 특정 고객은 일찍 포기하고, 소위 되는 고객에만 선택과 집중을 하는 케이스가 많습니다. '되는 고객에게만 집중하라, 이번 달, 이번 분기의 실적이 중요하다.' 이것이 조직에서 지시받는 B2B 마케팅과 세일즈의 일반적인 모습입니다. 하지만 최근에는 디지털 마케팅이 고객 접점만 책임지는 것이 아니라 오프라인에서는 선택과 집중할 수 밖에 없는 환경을 자동화하고, 고객을 양육하며, 향후 성장 시점과 구매 시점까지 이끌고 관리하는 SW까지 등장하였습니다.

이와 관련하여 마케팅 자동화는 최근에 부각되는 디지털 마케팅 트렌드입니다. 마케팅 자동화는 무엇이며 B2B 마케팅에 마케팅 자동화를 어떻게 적용할 것인지 알아보도록 하겠습니다.

주 52시간 근무와 최저임금 인상의 이슈로 최근 수년간 다른 산업군과 마찬가지로 마케팅 분야에서도 사람이 반복적으로 해야 할 일을 소프트웨어가 대신하고 있습니다. 특히 최근에는 단순하고 반복적인 일을 벗어나 세일즈와 마케팅의 의사 결정에 이르기까지, 마케팅 자동화의 영역이 확산하고 있습니다. 마케팅 자동화는 세일즈 파이프라인의 각 단계에 사람이 개입해서 관리하는 것이 아니라, AI를 기반으로 사전에 정의된 알고리즘에 의해서 자동화해 업무를 전달하는 프로세스입니다. 지금은 과거에 비해 이런 소프트웨어 도입에 큰 비용이 들지 않는다는 점이 중요합니다. 클라우드와 구독 경제의 확산 덕분입니다. 마케팅 자동화 역시 매월 유료로 사용하는 웹하드처럼 쉽게 스며들고 있습니다. 이에 따라 B2B 마케팅에서도 마케팅 자동화에 대한 관심이 커지는 추세입니다.

여러분은 이런 홍보 문구를 본 적이 있는지요? '당신이 잠든 사이에도 마케팅은 계속된다.' 또는 '당신이 잠든 사이에도 영업은 계속된다.' 같은 문구 말입니다. 물리적으로 세일즈 파이프라인의 모든 부분을 자동화할 수 없는 기업이라도 도입부와 일부 단계까지는 마케팅 자동화 관리를 추진하는 것이 최근 B2B 마케팅의 경향입니다.

저는 한국 오라클과 인사이더 코리아 같은 글로벌 기업의 마케팅 자동화 클라우드 국내 총판으로 지난 수년간 국내 B2B 영역에서 마케팅 자동화 도구를 판매해왔습니다. 간단한 예를 들면, 고객이 처음 뉴스레터를 구독하면 감사 이메일을 보내고, 그로부터 며칠 지나면 회사소개서를 보낸 뒤 견적서를 보내는 등 일련의 마케팅 과정을 시나리오에 의해 자동화하는 것입니다. 파이프라인에 있는 일부 업무만 이렇게 자동화 해두어도 나머지 시간을 영업 등 다른 일에 더 효율적으로 사용할 수 있게 됩니다.

소규모 기업의 B2B 마케팅 자동화 적용 사례

제가 마케팅 자동화를 쉽게 설명할 사례를 찾다가 특히 저비용으로 작은 조직에서 성공한 어떤 고객이 가장 먼저 떠올랐습니다. 그 고객은 B2B 기업으로 마케팅 자동화 클라우드를 도입했으며 가장 큰 효율을 나타내는 기업입니다. 그런데 놀랍게도 1인 기업입니다. 다시 말해 가장 작은 기업에서 가장 큰 효율을 내고 있습니다.

A원장은 강남의 큰 빌딩에 자리한 유명 병원에 근무하는 의사입니다. 개원의가 아닌 페이 닥터입니다. 그러나 A원장은 항상 현재 비즈니스 모델을 갖고 있으니 개원할 생각은 전혀 없다고 말했습니다. 대체 어떤 비즈니스 모델이기에 페이 닥터인 A원장이 개원 생각이 전혀 없다고 할까요?

A원장은 병원에 주 2-3회만 출근해 진료하고 나머지 요일에는 건강 관련 기업 세미나, TV 출연 활동을 하는 유명 강사입니다. 휴가철을 제외하고 거의 몇 개월씩 강의가 밀려있고, 강사료도 업계 톱클래스로 수입만 따져보면 병원 급여보다 다른 활동이 주업이라고 여겨질 정도입니다. 물론 의사라는 직업적 특성도 있지만 저는 A원장의 B2B 성공 포인트 세 가지에 주목하고 싶습니다.

첫째, 포지셔닝입니다. A원장은 아주 독특한 카테고리로 비즈니스 포지셔닝에 성공했습니다. 바로 '조직의 생산성과 조직원의 육체적, 정신적 피로도의 관계'라는 전문 강의입니다. A원장은 지식 전달을 통해 조직원 개개인의 피로와 스트레스를 해결하여 조직의 생산성을 높이는 독특한 강의 카테고리를 가졌습니다. 이런 카테고리는 전문의가 아니면 어렵고, 개인이 아닌 기업 차원에서 직원 복지와 건강 그리고 조직 생산성을 높이기 위해 직원의 피로와 스트레스를 관리하기 위한 기업의 니즈도 있었는데, 기업의 니즈와 A원장의 포지셔닝이 딱 들어맞은 것입니다.

둘째, A원장은 타깃 마케팅을 제대로 실행했습니다. A원장의 주요 기업 고객은 강사를 섭외하는 인사, 총무, CEO 등이었는데 이들을 타기팅하는 디지털 광고로 페이스북과 인스타그램 타깃 광고를 잘 활용하고 있었습니다.

셋째, 마케팅 자동화 프로그램의 사용입니다. A원장은 진료와 외부 일정 때문에 무척 바쁜 일과를 보냅니다. 그래서 해외 마케팅 자동화 클라우드 소프트웨어 중 '겟리스폰스'라는 솔루션을 사용하셨으며, 이메일 마케팅 자동화를 구축해 1인 기업으로서 업무가 원활하게 작동하도록 해놓았습니다. 그러나 여기에 그치지 않고 A원장은 기업 담당자에게 자신의 강의를 세일즈해야 하는 입장이기 때문에 B2B 마케팅이 필요한 상황이었고, 좀 더 고도화해야 할 필요가 있었습니다.

이 상황에서 저희 회사와 B2B 마케팅 계약을 했습니다. A원장

같은 경우는 B2B 마케팅 자체가 어렵지 않은 사례입니다. 우선 스토리텔링의 중심은 조직 구성원의 피로와 스트레스 전문가인 A원장이라는 인물 자체입니다. 그리고 B2B 마케팅의 타깃 그룹은 기업 CxO와 인사 담당자인데, 역시 디지털 마케팅 기법을 사용해서 충분히 타기팅할 수 있는 직군입니다. 무엇보다 A원장의 아이템 자체가 독특한 케이스라서 해당 분야의 전문가가 많지 않으므로 SEO(검색엔진 최적화)도 어렵지 않습니다.

A원장은 종종 종편 등 TV 건강 프로그램에 출연하기 때문에 일정량의 포털 검색 데이터도 가지고 있습니다. 따라서 우선 랜딩페이지를 구축하고 기존에 가입해둔 마케팅 자동화 프로그램을 활용해 이메일 마케팅 자동화를 고도화했습니다. A원장은 콘텐츠가 상당히 풍부한 편입니다. 강의 영상이 많기 때문에 피로와 관련한 영상 구독을 하면, 1년간 꾸준히 강의 영상과 자료를 2주마다 마케팅 자동화 프로그램을 통해 기업 담당자가 이메일로 받게 했습니다.

소스 타깃은 과거 강의와 대외 활동으로 얻은 명함으로 구축했습니다. 그리고 페이스북과 인스타그램 타깃 광고로 인사, 총무, 교육 부서에 근무하는 기업 담당자를 타깃으로 설정해 메일링 리스트를 만들고 광고를 통해 꾸준히 누적해서 늘려갔습니다. 이미 누적된 리스트와 신규로 유입된 리스트 모두 최초에 받는 이메일과 그 이후에 받는 이메일의 순서가 동일합니다. 대신 D+1일에 받게 되는 환영 이메일과 D+15일에 받게 되는 첫 번째 건강 동영상

이메일은 모든 사용자가 똑같은 날짜에 받는 것이 아니라, 가입일에 따라 시나리오에 의해 정해진 대로 1년간 관리하게 했습니다.

이렇게 구축한 랜딩페이지와 타깃 마케팅을 통해 기업 담당자를 주기적으로 발굴하고 랜딩페이지에 접속하자마자 마케팅 자동화를 시작하는 시스템입니다. 이메일 마케팅을 1년간 주기적으로 진행하면 강의 초빙에 대한 계절적인 수요에도 단절 없이 충분히 대응할 수 있고, 봄, 가을 같은 강의 성수기에는 진료를 제외한 거의 모든 날에 기업체 출강이 생겼습니다. 여전히 A원장은 직원을 전혀 두지 않고, 약간의 비용을 투입하는 타깃 마케팅 비용과 월 100달러 미만의 마케팅 자동화 클라우드만 사용하고 있습니다. 이것은 마케팅 자동화를 통한 1인 기업의 전형적인 성공사례입니다

마케팅 자동화 솔루션 〈겟리스폰스〉

9장 .. 서포터즈와 커뮤니티 마케팅

서포터즈 마케팅이란

B2B 시장이든 B2C 시장이든 국내 마케팅 환경에서 온라인에 처음으로 제품과 서비스를 런칭할 때, 서포터즈나 체험단을 활용하는 것은 상당히 중요한 문제입니다. 서포터즈의 사전적 의미는 상품의 개발 등을 위하여 제품이나 서비스 따위를 미리 체험하고 평가할 사람을 모집하여 구성한 단체입니다. 흔히 프로축구처럼 자생적으로 만들어지는 경우도 있지만, 기업 마케팅 활동에서는 기업 또는 기업의 홍보대행사가 브랜드를 알릴 만한 온라인 역량을 가진 사람을 서포터즈로 모집합니다. 그렇다면 서포터즈 운영은 기업에 어떤 유익이 있을까요?

　기업 서포터즈의 역할은 해당 기업의 제품과 서비스에 관심을 가진 사람에서 한발 더 나아가 직접 홍보 활동을 펼치는 역할까지 범위를 확대하고 있습니다. 서포터즈가 직접 브랜드 홍보 활동에 참여하면서 해당 기업의 마케터가 되는 셈입니다.

서포터즈 활동에 참여하면 우선 브랜드 신제품 또는 프로모션을 알리는 미션을 받습니다. 그러면 서포터즈의 개인 SNS인 페이스북, 인스타그램, 블로그, 유튜브 등을 사용하므로 기업 공식계정보다 더 자연스러운 홍보가 가능합니다.

일반적으로 실무에서는 서포터즈와 체험단을 유사한 의미로 사용하지만, 엄밀히 따지면 서포터즈와 체험단은 목적과 진행방식에서 분명한 차이를 가집니다. 체험단은 대부분 일회성 미션을 통해 제품과 서비스를 홍보합니다. 반면 서포터즈는 좀 더 긴 시간 동안 여러 번의 체험 미션으로 진행합니다. 따라서 서포터즈가 체험단에 비해 장기간 브랜드와 소통하며 제품과 서비스를 체험하고 온라인 마케팅 활동에 참여합니다.

과거에는 다수의 파워 블로거를 통한 서포터즈 구성이 많았지만 최근에는 모바일 마케팅 활성화에 따라 반드시 블로거로만 구성하지 않고, SNS 인플루언서나 또는 유튜버 등으로 구성하기도 합니다. 하지만 여전히 파워 블로거의 비중이 높은 것이 사실입니다. 통상 20-30명 많게는 100명가량의 서포터즈가 운영되기도 합니다. 필드에서 경험해 보면 대부분 서포터즈 대상은 대학생과 주부가 많은 편입니다. 취업을 앞둔 대학생은 인턴사원처럼, 미리 현장 경험을 쌓을 수 있는 서포터즈 활동을 선호합니다. 또한 다른 계층보다 멀티미디어와 소셜 미디어 사용능력이 뛰어나기 때문에 이들의 아이디어와 열정은 제품과 서비스 홍보에도 실제로 도움을 줍니다.

주부 서포터즈는 대부분 자신만의 네트워크와 커뮤니티 파워가 있습니다. 주부 파워 블로거나 인스타그램 인플루언서는 같은 주부 계층에서 많은 팬덤을 가지기 때문에 여성에게 도달률이 월등합니다. 주부 서포터즈의 솔직한 리뷰와 의견이 가지는 파워 때문에 많은 기업이 주부 서포터즈를 모집합니다.

B2B는 어떨까요? 해당 산업 전문가를 서포터즈 형태로 모집하거나 콘텐츠를 생성하기도 합니다. 아무래도 전문가의 시각이 필요하기 때문입니다. 반대로 전문가의 콘텐츠가 너무 넘쳐날 때는 아마추어 입장에서 제품과 서비스에 대한 신선하고, 새로운 접근의 콘텐츠가 필요하여, 주부나 학생층이 진행하기도 합니다.

저희 회사에서는 중장비와 특수차량 분야에서 자동차 전문 기자 같은 업계 종사자를 전문 콘텐츠를 생산하는 서포터즈로 모집해서 홍보 활동을 진행한 경험이 있습니다. 전문 기자 외에 중장비 같은 특수한 분야에서 전문 콘텐츠를 생산해 업계 관계자에게 정확하고 쉽게 설명할 수 있는 집단이 많지 않기 때문입니다. 반대로 최근에는 국내 대표적인 B2B 기업은 제품과 서비스를 좀 더 새로운 시각으로 알리기 위해 대학생 서포터즈도 많이 운영하고 있습니다.

B2B 서포터즈 운영 팁과 경쟁 구도

서포터즈 사이에 경쟁이 일어나면 브랜드는 더 많은 것을 얻을 수 있습니다. 서포터즈는 대부분 글쓰기와 리뷰, 사진, 동영상 편집 등에 소질 있는 사람이 많습니다. 그리고 그들은 대체로 한 회사에서만 서포터즈 활동을 하지는 않습니다. 기업 서포터즈 발대식에 가보면 첫 대면식인데도 서포터즈끼리 반갑게 인사를 나누는 장면을 많이 볼 수 있습니다. 즉 유명 서포터즈는 서로 아는 사이입니다. 인플루언서 관련 행사도 마찬가지입니다. 유명 인플루언서는 대부분 서로 안면이 있거나 아는 사이가 많습니다. 여러 브랜드 행사에서 이미 서포터즈로 만난 적이 많기 때문입니다. 하지만 여러분의 회사와 브랜드는 이것을 경계하고 서포터즈에게 경쟁 구도를 만들어 주어야 합니다. 서포터즈는 미션을 수행해야 하기 때문에 본인의 성과가 돋보여야 활동을 인정받고 수상받을 수 있다는 생각을 가집니다. 서포터즈를 운영할 때는 개인별 미션이나 팀별 미션을 통해 브랜드의 제품과 서비스를 리뷰하게 하고, 사전에 정한 기준에 따라 평가하기 바랍니다.

  B2B 기업에서 서포터즈 마케팅을 할 때도, 이들이 조별 미션에서 다른 사람보다 두각을 나타내고 좀 더 좋은 리뷰 후기 그리고 미션 수행을 해내는 사람에게 더 큰 시상을 내릴 것을 처음부터 공지하고 평가하여 동기부여를 주고 더 좋은 퀄리티의 콘텐츠를 생산하도록 유도하는 것이 중요합니다.

한 가지 더 유의할 것은 서포터즈가 조기에 포기하는 경우입니다. 일반적으로 서포터즈들은 상호 경쟁이 있고, 짧으면 3개월 길게는 6개월 정도 함께 활동을 진행하면서 자신이 수상권 내에 들어가지 못할 것 같다고 판단되면 과감하게 활동을 포기하고 다른 서포터즈나 미션에 참여하기도 합니다. 때문에 우리 회사의 서포터즈에 참가자가 조기에 포기하는 것을 방지하기 위하여 우리는 반드시 사전에 이들이 조기에 중도 포기하지 않으면 얻을 수 있는 이득을 만들어 주어야 합니다. 예를 들어 일정 수준의 월간 리뷰 마케팅 미션을 수행하기만 하여도 기본적인 수상은 할 수 있게 해준다든지 서포터즈들이 자진해서 탈락하지 않도록 하는 장치를 마련해주면 여러분의 브랜드는 더욱더 풍성한 콘텐츠를 얻을 수 있을 것입니다.

B2B 기업이 운영할 수 있는 유형별 서포터즈

1) 제품 및 서비스 체험형

기업의 제품 및 서비스를 직접 사용하고 후기를 포스팅하는 형태입니다. 기업에서 제품과 서비스를 무상으로 제공해 긍정적 후기를 노출하기 위한 목적으로 운영합니다. 출시 초기 브랜드 노출 빈도를 높이기 위한 목적이 주로 많습니다. 때에 따라서는 온라인에 기존 제품과 서비스에 대한 부정적 반응이 나올 때도 활용합니다.

체험형 서포터즈 활동은 광고보다 더 친근하게 다가간다는 장점이 있습니다. B2C 마케팅뿐만 아니라 B2B 수요자에게도 노출 효과를 가져옵니다.

2) 마케팅 참여형

기업의 마케팅 실무에 서포터즈가 참여하는 형태입니다. 서포터즈가 제품의 성능과 디자인 등을 개선할 아이디어를 제안하고, 홍보 활동도 진행합니다. 기업에서 직접 나서서 진행하는 것이 아니라 소비자의 관점으로 제품과 서비스를 바라보고 외부 아이디어를 수용한다는 점에서 마케팅적으로도 이슈가 되며 좋은 대외 이미지를 줄 수도 있습니다.

3) 사회활동 참여형

고객과 함께 소외 계층에 대한 봉사 활동을 하거나, 미래 세대인 청년에게 희망을 주는 형태, 재능 기부 형태 등으로 주로 진행합니다. 예를 들면, 국토대장정, 불우이웃 돕기, 사랑의 연탄 나르기 등이 대표적입니다. 최근 젊은이들이 사회봉사에서 의미를 찾는 경우가 많기 때문에 더욱더 주목을 받고, 참여자도 늘어나고 있습니다. 사회활동 참여형은 저희 회사와 같은 대행사에 꾸준히 들어오는 B2B 홍보대행 카테고리입니다. 최근 기업의 사회적 공헌에 대한 관심이 높아졌기 때문에 사회활동을 통한 긍정적 이미지 형성을 위한 마케팅 의뢰가 많아졌습니다.

인플루언서 마케팅

인플루언서는 유튜브·인스타그램·페이스북 등 소셜 네트워크 서비스와 블로그 등에서 많은 방문자와 구독자를 보유해 큰 영향을 미치는 개인을 가리킵니다. 2019년 현재 주로 인플루언서라고 하면 팔로워를 최소 1만 명 이상 보유한 사람들입니다. 단순한 리뷰가 아니라 본인만의 개성과 스타일로 콘텐츠를 생산해 시장에서도 굉장한 파급력을 가집니다. 마케팅 전문가 상당수가 향후 인플루언서의 영향력이 더 커질 것으로 전망합니다.

인플루언서는 자신의 채널에 고정 팔로워를 보유하고 있기 때문에 잠재고객 도달도 광고보다 더 용이합니다. 저는 특히 푸드, 패션, 미용, 쇼핑, 여성, 건강, 의료 등의 분야에서 인플루언서가 기업과 브랜드에 미치는 괄목할만한 영향력을 경험해 보았습니다.

기업이 인플루언서를 활용하는 목적은 상업 광고에 비해 거부감이 적고 더 친근한 방법으로 잠재고객과 소통하기 위함입니다. 따라서 인플루언서 마케팅을 진행할 때는 자연스러운 노출에 대해 고민하는 것이 필수입니다. 다만 인플루언서의 높아진 인기에 비례해 덩달아 올라간 인플루언서 마케팅 단가 때문에 가격 경쟁력을 가진다고 하긴 어렵습니다.

인스타그램이 상대적으로 더 빠르고 쉽게 인플루언서 마케팅 도구로 올라선 이유는 인스타그램의 구조가 손쉬운 사진 콘텐츠와 해시태그로 가망 고객에게 쉽게 접근할 수 있기 때문입니다.

소셜 미디어 도달 알고리즘의 변화로 유기적 도달률이 유의미하게 떨어지는 상황에서 광고만이 정답처럼 보였지만, 이제 인스타그램 인플루언서 마케팅이 광고 이외의 유기적 도달 향상 방법으로 주목받고 있습니다. 물론 타깃 마케팅보다 브랜딩 영역에서 효과를 보여주는 특성은 있습니다. 그러나 일부 뷰티, 건강식품 카테고리에서 인플루언서가 매출에 끼치는 영향을 보면 웬만한 오픈 마켓 판매량을 능가할 만큼 브랜드 주 수익원을 인스타그램 인플루언서 마케팅으로 얻는 사례도 필드에서 목격하고 있습니다. 저희 회사는 공공기관 디지털 마케팅도 진행합니다만, 요즘에는 지자체 등 공공기관에서도 별도로 인플루언서 마케팅을 발주할 정도입니다.

인플루언서 마케팅에서 특히 인스타그램을 주목해야 하는 이유를 좀 더 자세히 살펴보겠습니다. 첫째, 20-30대의 인스타그램 이용 증가입니다. 다른 소셜 미디어에 비해 상대적으로 젊은 계층이 인스타그램으로 이동하고 있습니다. 이들은 여론을 주도할 뿐만 아니라 산업에서도 실무의 중심에 있습니다.

둘째, 인스타그램이 20-30세대의 소비에 미치는 영향력입니다. 특히 패션, 뷰티, 여행, 푸드, 문화 등의 콘텐츠를 생성하고 서로 소비하면서 실제 구매에 영향을 미치고 있습니다. 패션, 뷰티, 여행, 푸드, 문화 카테고리의 인스타그램 사용자는 특정 인플루언서를 모방하는 경향이 강하고 소비 행위까지 모방하는 경향이 있기 때문에 기업 입장에서 이를 활용할 필요가 있습니다.

반면 인플루언서 마케팅을 진행할 때 유의해야 할 사항도 있습니다. 첫째, 광고와 유사한 효과를 내지만, 아직 광고에 비해서 인플루언서 마케팅 후 퍼포먼스 효과를 정확하게 측정하는 완벽한 도구가 없다는 점입니다. 최근 여러 스타트업이 인플루언서 마케팅 효과를 정량적으로 측정하는 도구를 출시하고 있는데, 한 번 참고해 볼 가치가 있습니다.

둘째, 과거 블로그 마케팅과 마찬가지로, 인플루언서 마케팅 영역에서도 법적, 세무적 이슈가 있습니다. 일단 인플루언서에게 금전을 제공할 경우는 공정거래위원회 권고에 따라 해당 사항을 표기할 의무가 있으며, 금전거래에서 세금 관련한 적법한 기록을 남기고 제대로 처리해야 합니다. 국세청과 공정거래위원회가 관련 기준을 제시했기 때문에 반드시 지켜야 합니다.

여기까지 들어보면 인플루언서 마케팅이 B2B와는 어떤 관련이 있는지 의문이 들 수 있습니다. 하지만 B2B 영역에서도 가성비가 상당히 뛰어나고, 우리 제품과 서비스를 직접 재판매해 줄 수 있는 인플루언서 비즈니스 파트너 발굴도 가능하므로 B2B의 입장에서도 인플루언서 마케팅은 반드시 필요합니다. 제가 강조하고 싶은 내용은 겉으로 볼 때 B2C로 보이는 많은 활동이 사실은 B2B를 노리고 진행하는 마케팅이라는 점입니다. B2B와 B2C는 눈으로 보이는 명확한 경계를 가진 것은 아닙니다. B2B는 대부분 B2C에서 먼저 반응 촉발을 일으킴으로써 B2B가 성장하도록 작동할 때가 많습니다. 새로운 서비스의 출발은 대부분 B2C를 통해 B2B를 모객하는 형태로 전개하는 경우가 많습니다. 저희 회사는 국내 많은 외식업 프랜차이즈를 홍보해 왔습니다. 그런데 상당수 외식업 프랜차이즈가 강남이나 홍대에 직영 1호점 매장을 오픈합니다. 왜 굳이 임대료가 비싼 강남, 홍대일까요? 일종의 전략적 선택입니다. 오픈 이후 인플루언서와 제휴해 맛집으로 자리매김하고 소위 강남에서, 홍대에서 웨이팅 있는 맛집으로 런칭하는 것입니다. 겉만 보면 B2C 마케팅처럼 보이지만, 실제로는 B2B 마케팅입니다. 대부분의 프랜차이즈 본사는 B2B보다, B2C 성장에 더 신경 쓰는 경우가 많지만 상징적인 B2C 성공을 만드는 활동은 B2B를 위한 사전 포석입니다. 예를 하나 더 들기 위해 유명 제약사나 의료기기 회사의 B2B 마케팅을 살펴보겠습니다. 유명 제약사, 의료기기 회사의 B2B 고객은 병원입니다. 그렇다면 병원은 어떤 기준으로 약품, 의료기기 등을 선택할까요? 병원은 당연히 다수의 소비자들이 선택하는, 최근 B2C 시장에서 트렌드라고 여겨지는 제품을 선택할 것입니다. 따라서 B2B 기업 입장에서는 병원 임직원에게 자사 제품이 시장에서 매력적인 제품이라는 이미지를 심어주어야 합니다. 특히 키맨인 의사에게 어필하는 홍보 활동을 위해 최종 소비자인 환자가 자사 제품을 선택했다는 B2C 마케팅을 보도록 B2B 마케팅을 염두에 두고 광고를 진행하는 것입니다. B2B 마케터는 이렇게 종합적으로 시장 흐름을 읽는 안목을 갖춰야 하며, 어떻게 디지털 마케팅을 보다 잘 접목할 수 있을지 끊임없이 고민해야 합니다.

커뮤니티 마케팅

B2B 마케팅에서 커뮤니티 마케팅은 상당히 중요한 역할을 차지합니다. 보통 B2B 마케팅에서 커뮤니티 마케팅은 마케터에게 정보를 얻는 창구 역할을 합니다. 특히 국내 커뮤니티 마케팅은 네이버 카페 마케팅이 대표적입니다.

이미 오래전부터 다음 카페가 하락세를 보이면서 네이버 카페가 친목과 정보 창구가 되었습니다. 현재 B2B 마케팅 담당자라면 온라인 커뮤니티를 통해서 다양한 업계 관계자와 의미 있는 관계를 가질 수 있습니다. 커뮤니티는 소비자와 파트너의 인맥을 넓히고 신뢰를 구축할 수 있는 창구 역할을 합니다. B2C는 커뮤니티 공동구매를 통해 구매 전환율을 올릴 수도 있습니다. 하지만 커뮤니티를 직접 운영하게 되면 상당한 인적 리소스를 투입해야 합니다. 직접 운영하는 커뮤니티는 광고비가 들지 않는 채널이므로 예산은 제일 적게 들지만, 사람의 손이 가장 많이 필요로 하며 시간도 오래 걸리는 마케팅임을 명심해야 합니다. 기존 커뮤니티에 동참하는 것이 아니라, 직접 커뮤니티를 만들어서 활성화하는 것에 초점을 둘 것이라면, 더욱더 주의해야 할 지점입니다. 예산만큼 중요한 것이 인적 자원입니다. 특히 B2B 분야 커뮤니티는 B2C에 비해서 활성화하기 쉽지 않습니다. 많은 분들이 '커뮤니티를 생성하고 활성화만 이루어진다면 최고의 효과를 볼 수 있을 텐데……'라고 생각하지만 바로 그 활성화가 가장 힘든 포인트입니다.

또한 커뮤니티는 쌍방향 커뮤니케이션 채널입니다. 커뮤니티에서 진정성이란 정보교류가 확실히 이뤄진다는 것을 의미합니다. B2B에서는 서로 주고받는 것이 있어야 하고, 상업적 목적이라는 인식을 주게 되면 커뮤니티 마케팅으로 성공하기 어렵습니다. 그래서 순수한 의미의 커뮤니티 마케팅으로 성공한 사례가 많지 않습니다. 대부분 일찍 성공한 커뮤니티들은 운영자의 열정으로 출발한 케이스가 많습니다. '키우는 재미'로 시작한 것입니다. 대형 커뮤니티를 운영하는 사람 다수가 커뮤니티 운영의 첫 시작으로 '돈을 벌겠다'고 시작한 경우는 거의 없습니다. 돈보다 '재미'가 더 큰 비중을 차지하는 상태에서 시작했습니다. 돈을 벌겠다는 생각만으로 커뮤니티를 운영하면 지속력이 떨어지고 콘텐츠 올리는 일도 매우 힘듭니다. 커뮤니티를 운영해 B2B 마케팅을 하겠다는 건 좋은 전략이지만, 커뮤니티에서 직접 수익을 올리는 것은 쉽지 않습니다. 커뮤니티 마케팅은 자금은 부족하지만 꾸준함이 있다면 해볼 만한 영역입니다. 커뮤니티를 운영할 여력이 되지 않는다면 다른 커뮤니티 활동을 권합니다.

커뮤니티 활동에서는 업계의 관심 주제가 무엇인지를 파악하는 것이 중요합니다. 많은 세무사, 회계사, 변호사 등이 자영업, 중소기업과 관련된 커뮤니티에서 활동하고 게시판에서 무료 컨설팅을 하고 있습니다. 왜 그럴까요? 커뮤니티는 원격에서 할 수 있는 영업의 장이기 때문입니다.

업계 관계자를 모으려고 커뮤니티를 개설하는 경우도 있습니다. 저희 고객은 요양병원, 노인복지와 관련된 O2O를 준비하고 있습니다. 예산이 많아서 한 번에 O2O를 할 수 있으면 좋겠지만, 우선 커뮤니티를 만들고, 업계 사람들이 모이는 가상공간으로 커뮤니티를 만들었습니다. 거기서 업계 인지도를 높인다면, 커뮤니티 자체가 수익이 될 수도 있고 더 나아가 목적하는 O2O 서비스도 가능해질 것입니다.

10장 .. B2B 마케팅과 유통

네이버 스마트스토어

온라인에서 처음으로 B2B 제품 판매를 시작할 때 많이들 고민하는 것이 자사몰 제작 또는 E-마켓플레이스 제작 또는 오픈 마켓 입점입니다. 이때 오픈 마켓과 함께 가장 쉽게 진입 가능한 판매 채널이 네이버 스마트스토어입니다. 스마트스토어는 샵N, 스토어 팜 등의 이름으로 불리다 여러 번의 개편을 거쳐 현재의 스마트 스토어라는 이름으로 정착했습니다. 아마도 독자 여러분들께서도 개인적으로 필요한 제품을 스마트스토어에서 구매해 보셨을 것입니다. 그런데 B2B는 판매할 제품이 단일 제품이거나, 구색이 별로 없는 경우가 많습니다. 자사몰을 구축할 경우에는 여러 카테고리에 여러 제품을 전시하는 것이 일반적인데, 단일 제품으로 자사 쇼핑몰을 구축하면 아무래도 쇼핑몰이 비어 보이는 경우가 많기 때문에 스마트스토어에 입점하는 것이 더 적절할 수 있습니다. 스마트스토어는 왜 인기가 있을까요? 무엇보다 사용자를 편리하게 해 주는 측면과 판매자에게 수익을 주는 측면 때문일 것입니다.

먼저 사용자 측면의 유리한 점을 살펴보면 첫째, 네이버 페이입니다. 네이버 페이는 네이버 가입자라면 누구나 이용 가능한 간편 결제 수단으로, 스마트스토어에서 편리하게 사용할 수 있습니다. 둘째, 네이버 간편 로그인을 통해 별도 아이디, 비밀번호 없이 기존 네이버 계정으로 로그인 해서 쇼핑이 가능합니다. 셋째, 국내 1위 포털로 많은 쇼핑 정보가 존재하며, 최저가 검색과 즉시 구매가 가능합니다.

다음으로 판매자 측면에서 본다면 첫째, 최저에 가까운 판매 수수료 정책입니다. 기본적으로 네이버 쇼핑 연동 수수료가 2%인데 수수료가 가장 높은 핸드폰 결제도 3.85%로 네이버 쇼핑 연동 수수료와 결합해도 최대 판매 수수료가 5.85%입니다. 이것은 대부분 10% 이상인 오픈 마켓과 20%에 육박하는 소셜 커머스와 비교하면 상당히 낮은 편입니다. 둘째, 결제 수단별로 판매자가 개별 PG사 가입을 할 필요가 없습니다. 일반 쇼핑몰 구축 시에는 판매자가 개별 가입을 해야 합니다. 그렇지만 네이버는 별도 가입 없이 네이버 페이 가맹점이 되는 구조입니다. 셋째, 국내 1위 포털로 전체 트래픽의 75%를 점유한 검색파워가 쇼핑에 그대로 반영되어 2018년 거래액 8조의 네이버 검색과 함께 기본 사용자 트래픽이 보장됩니다.

네이버 스마트스토어센터

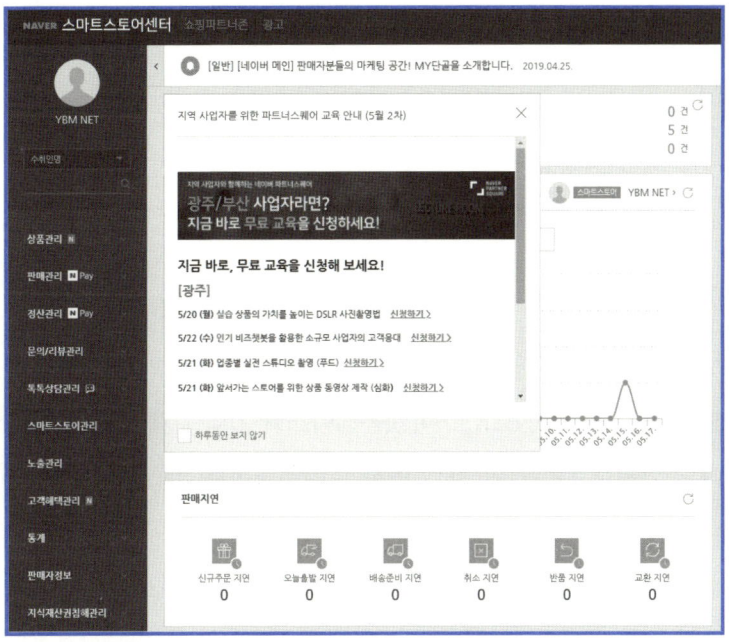

　　스마트스토어가 처음인 B2B 기업에 권장하는 것은 고민만 너무 많이 하지 말고 일단 가입하고 부딪쳐 보는 것이 경험을 쌓는데 더 도움이 된다는 사실입니다. 그리고 최근 많은 스마트스토어 관련 강좌와 도서가 나와 있는데, 상위노출 알고리즘에 대한 내용이 대부분입니다. 초보 판매자라면 상위노출에 너무 집착하기보다도 입점과 소매업자나 최종판매자의 피드백을 직접 받아볼 수 있는데 의미를 두고 진행해 볼 것을 권장합니다. 이미 많은 B2B 기업이 네이버 스마트스토어에 입점해 있습니다. '도매'라는 키워드로 검색하면 무려 800만 개 이상의 제품이 검색되는 것을 볼 수 있습니다.

E-마켓플레이스 구축

저희 회사는 웹에이전시도 겸하고 있기 때문에 B2B 마케팅을 진행하다 보면 고객으로부터 E-마켓플레이스를 만들어달라는 의뢰도 많이 받습니다. B2B E-마켓플레이스란 기업 고객을 위한 거래처로 기업이 도매상과 같은 역할을 위해 소매를 팔 수 있는 사이트를 말합니다. E-마켓플레이스 구축은 복잡하게 생각하면 매우 복잡하고 간단하게 생각하면 매우 간단한 문제입니다.

문제는 많은 B2B 기업이 온라인 E-커머스 구축을 처음 실행해보기 때문에 발생합니다. 그동안 전화를 받고 견적서를 주고받은 다음 세금계산서를 발행하고 배송하던 기존 방식에서 벗어나고자 B2B E-마켓플레이스 구축을 시도하면 여러 변수가 많이 생길 수 있습니다. B2B 기업인 여러분이 처음으로 온라인에서 제품을 판매한다면 무엇을 고려해야 할까요? 대부분의 실수는 B2B는 B2C와는 다르다는 접근 때문에 그리고 경우의 수를 복잡하게 생각하기 때문에 생깁니다. 제가 권하는 것은 처음에는 반드시 B2B만을 위한 기능이 있는 E-마켓플레이스를 비싸게 구축해 사용할 필요는 없다는 점입니다. B2C는 카페24라고 하는 무료 인터넷 쇼핑몰을 많이 사용합니다. B2B도 처음부터 너무 복잡하게 생각하지 말고 카페24를 사용할 것을 권합니다. 물론 B2B는 B2C와 많이 다릅니다. 구매자가 사업자라서 다르고, 물건 가격과 판매 단위도 다릅니다. 그래서 기능이 더 필요한 것은 사실입니다. 그러나 저는 많은 B2B 사업자가 별도 개발비를 더 들여가면서 본인만의 E-마켓플레이스 개발을 시도했다 실패하는 경우를 상당히 많이 보았습니다.

개인적으로 추천하는 것은 B2B 인터넷 판매를 시도하는 초기에는 도구에 비즈니스를 맞춰서 온라인 판매를 진행하고 우선 체질부터 온라인에 맞추는 작업을 하는 방법입니다. 물론 이러한 시도는 일반적인 경우와는 정반대입니다. 일반적인 경우에는 도구를 비즈니스에 맞추어야 하겠지만, 초반부터 모든 기능을 갖춰놓고 시작하려고 하면 오히려 실패 확률이 더 높아집니다.

도매의 개념은 특정한 사람에게 팔아야 하며, 구매자 수는 많지 않으나 구매 단위는 큰 것입니다. 많은 경우 묶음 수량으로 판매됩니다. 그러면 이 도매가 일반인이 아닌 기업 회원에게만 노출되는 것이 일반적입니다. 따라서 폐쇄적인 형태로 몰을 구축하는 것이 일반적입니다.

초기 B2B 기업이 겪는 또 다른 문제는 정산이 쉽지 않다는 것입니다. 일반적으로 B2B 마케팅은 여러 경로의 총판 구조를 통해 제품과 서비스를 유통합니다. 이것을 온라인에 적용했을 때, 정산 역시 E-마켓플레이스 안에서 이뤄져야 합니다. 본사가 모든 세일즈

건에 대해 모든 고객에게 일일이 대응할 수 없기 때문에 E-마켓플레이스에는 파트너에게 판매 수수료 정산 알고리즘이 들어가야 할 것입니다. 그런데 이 수수료 개념은 보통 B2C 쇼핑몰에 존재하지 않기 때문에 수수료 알고리즘을 따로 개발해야 해서 추가비용이 많이 들어가는 케이스를 자주 보았습니다. 개별 B2B 기업의 상황에 모두 적용되는 B2B 전용의 E-마켓플레이스는 없을 것입니다. 따라서 추가 비용과 예산이 많이 들어가는 케이스는 되도록 줄이는 것이 필수입니다. 카페24는 대부분 B2C 사용자이긴 하지만 160만 사용자를 확보하고 있으며 B2C 사용자가 많은 만큼 사용이 편리하고 관련 디자인 프리랜서도 많아서 필요할 때 디자이너를 찾기도 쉽습니다. 그러므로 처음부터 E-마켓플레이스 제작에 너무 큰 욕심을 부리지 말고 작은 규모로 진행할 것을 권하고 싶습니다. 그리고 아직 온라인이 익숙하지 않다면 지금까지 B2B 세일즈를 하면서 우리 회사의 DNA에 온라인이 있는지, E-마켓플레이스에 경험 있는 조직원이 있는지부터 먼저 점검해 보기 바랍니다. 상대적으로 역량은 부족한데 처음부터 큰 그림을 그리는 것은 실패 확률만 높아집니다.

오픈 마켓 & 소셜 커머스 진출

옥션, 11번가, G마켓 등으로 대표되는 오픈 마켓과 쿠팡, 티몬, 위

국내 대표적 소셜 커머스 쿠팡

메프 등으로 대표되는 소셜 커머스는 전자상거래에서 상당히 큰 비중을 차지합니다. 제가 이렇게 언급하는 이유는 많은 B2B 기업이 직접 B2C 시장으로 뛰어드는 시도를 하기 때문입니다. 생산자이면서 시장 가격을 조절할 수 있는 B2B 기업이 유통구조를 단순화하고 직접 B2C에 뛰어들면 많은 순이익을 기대할 수 있습니다. 실제 B2B 기업이 처음에 B2C로 진출하겠다는 의사 결정을 하고 가장 많이 진행하는 항목이 소비자를 대상으로 하는 B2C 쇼핑몰 구축입니다. 하지만 B2C 쇼핑몰 구축은 처음부터 매출이 일어나지 않습니다. 별도의 광고비용을 들이고 마케팅도 해야 합니다. 하지만 오픈 마켓과 소셜 커머스는 다릅니다. 오픈 마켓과 소셜 커머스는 가격에 반응하는 소비자가 많고 방문목적 자체가 구매이기 때문에, 자사몰 같은 마케팅 비용의 투자 없이도, 매출이 일어날 수 있습니다. 대신 오픈 마켓과 소셜 커머스의 트래픽을 이용하는 수수료를 지불해야 합니다. 대략 10-20%의 수수료를 제외한 나머지 비용을 정산받습니다.

실제로 여러 기업을 컨설팅해보면, 자사몰의 매출 비중이 전체 온라인 매출의 50%를 넘지 않을 때가 더 많습니다. 실제로 그만큼 온라인 판매의 상당 부분이 오픈 마켓과 소셜 커머스에서 일어나는 것입니다. B2B 기업이 B2C 진출을 한다면 초기에 전략을 잘 세워야 합니다. 되도록 판매가 빨리 일어나는 곳에 입점해 경험을 쌓는 것이 좋습니다.

11장 .. 광고와 리타기팅

소셜 미디어보다 검색광고가 더 유리한 경우

디지털 마케팅을 진행하다 보면 전환단가에 신경을 쓰지 않을 수 없습니다. 진행하는 마케팅이 브랜딩이 아닌 퍼포먼스라고 하면 더욱더 그렇습니다. 그런데 마케터 입장에서 B2B 마케팅은 특화된 업종이 많기 때문에 비즈니스 본질을 이해하기에 좀 더 시간이 걸릴 수도 있겠지만, 마케팅 성과를 내기 위한 사전 테스트를 진행하기 자유로운 면도 있습니다. 왜냐하면 일반적인 경우 B2B 마케팅이 예산이나 단가 면에서 여유가 있으며 좀 더 학습할 수 있는 시간적 여유도 가질 수 있기 때문입니다. 예를 들어서 우리가 1,000원짜리 새우과자를 판매한다고 할 때, 광고비로 얼마가 적절할까요?

100원을 쓰면 1개가 팔릴까요? 만약 100원 이상 쓰지 말라는 규정이 있다면 광고하기 상당히 쉽지 않을 것입니다. 반면에 10억 원 중 1억 원이 한정된 광고예산이라면 어떨까요? 후자가 더 마케팅하기 용이할 것입니다.

반면 B2B 영역의 퍼포먼스 마케팅은 한번 전환이 되면 ROI 자체가 큰 폭으로 달라질 수 있기 때문에 마케팅에서 최적을 찾아가는 여정이 상대적으로 유리하다고 할 수 있을 것입니다.

이러한 사례의 대표적인 케이스인 인테리어 업종의 예를 들어보겠습니다. 사무실 인테리어 공사 전문업체 O기업이 있습니다. O기업의 매출은 건축주에게 인테리어 공사 의뢰가 들어와야 진행될 수 있습니다. 이런 업종에서 B2B 마케팅의 대상은 해당 단가에 시공할 만한 규모가 되는 기업이어야 하고 상시 노출이 아닌 해당 기업이 인테리어 공사를 의사 결정할 시기, 즉 시기적으로 성숙한 시점에 해당 기업의 임원이나 실무진 등 가망 고객에게 노출되어야 합니다. 어떻게 하면 이렇게 구매 관점에서 성숙한 시점에 광고를 노출할 수 있을까요? 일반적으로 특정 시점이 되어야 데이터, 즉 정보가 노출되는 것이 유리한 업종은 소셜 미디어 마케팅보다 네이버 중심의 검색 마케팅이 더 유리합니다. 만약 많은 예산으로 광고의 노출 빈도를 아주 많이 늘릴 수 있는 소셜 미디어 광고를 하지 않는다면, 즉 전체 인구 모수에 아주 많이 노출되는 것이 아니라면 인테리어 공사의 의사 결정을 할 특정 시기를 잡아내는 것은 검색 쪽 즉 SEO와 바이럴 또는 검색광고로 잠재고객이 찾아오는 순간을 기다리는 편이 훨씬 더 전환에 유리합니다. 따라서 제가

디스플레이 광고가 적용된 국내 언론 사이트

경험한 고객인 인테리어 사무실 공사, 칸막이 공사 또는 기업의 사무용 가구 중고 가구 판매처럼 B2B 빈도가 자주 있지 않은 기업의 인프라를 담당하는 영역이라면 더구나 B2B 마케팅 예산이 많지 않은 경우에는 일반적으로 검색을 공략하는 것이 소셜 미디어를 공략하는 것보다 더 유리합니다.

검색광고

검색광고는 홈페이지 또는 랜딩페이지로 방문하도록 가망 고객을 유인하는 효과적인 수단입니다. 실제 필드에서는 흔히 네이버 광고로 대표됩니다. 국내 검색포털을 거의 독식하고 있는 네이버의 영향으로 검색광고 또한 네이버가 크게 점유하고 있습니다. 흔히 SA, 검색엔진 마케팅, 검색엔진 광고로도 불리지만 가장 많이 사용되는 용어는 키워드광고입니다. 키워드광고란 네이버나 다음 등 검색포털 사이트에 유저가 특정 키워드를 검색하면 키워드 관련 광고주의 사이트를 노출하는 광고입니다. 국내에는 2002년에 처음 도입되었습니다. 초기에 키워드광고를 진행했던 회사는 지금은 도저히 기대할 수 없는 엄청난 광고효과를 얻었다는 전설(?)도 있지만 현재는 키워드광고로 드라마틱한 광고 효과가 나오는 사례는 극히 드문 성숙한 광고시장입니다.

키워드광고는 그야말로 예산, 즉 돈으로 승부가 갈릴 때가 많습니다. 또한 키워드광고만으로 우리 회사의 차별성을 잘 드러내기도 어렵습니다. 키워드광고는 짧은 텍스트만으로 구성되고 입찰금액을 경쟁업체보다 높게 책정할 때만 상위에 노출되기 때문입니다.

키워드광고는 이른바 CPC 기반으로 클릭당 비용을 과금하는 형태입니다. 사용자가 클릭하는 경우에만 과금하기 때문에 효율적이라고 생각하기 쉽지만, B2B로 온라인 광고를 처음 접하면 높은 광고 가격 때문에 두렵고 어려운 광고라고 할 수 있습니다.

키워드광고는 타깃 고객을 가장 빠르고 쉽게 전환으로 이끌 수 있는 좋은 수단이지만 동시에 동종업계 경쟁자가 많다는 점이 한계가 될 수 있습니다. 높은 입찰 비용을 설정하면 가장 상단에 노출되지만 이로 인해 유입이 높아질수록 가장 상단에 위치하려는 경쟁자 역시 많아지기 때문입니다. 또한 B2B 영역에서 키워드광고를 하신다면 불필요하게 B2C 클릭까지 받아서 예산을 지출할 필요는 없으므로 명확하게 B2B임을 나타내는 키워드에 입찰하고 광고 문안을 사용하기 바랍니다. 소비자의 검색 행동과 사업자의 검색 행동과 생각을 유추해 보면 됩니다. 예를 들어, 네이버에서 '그릇'과 '그릇 도매'를 각각 검색해보기 바랍니다. 그릇은 일반 가정에서 검색할 가능성이 높고, 그릇 도매는 식당 창업을 하려는 사람이 검색할 가능성이 높습니다. 실제 네이버에서 검색해보면, '도매'라는 키워드 검색결과가 노출되고 있습니다. 그렇다면 '도매'

네이버 키워드광고의 광고 관리자 화면

이외에 B2B를 나타낼 수 있는 단어가 무엇일까요? 여러분의 비즈니스에서 한 번 고민해 보기 바랍니다.

결국 키워드광고의 입찰방식 때문에 비용은 계속해서 상승할 수도 있습니다. 경쟁 업체 중에서 상대적으로 광고 집행 예산이 적은 업체는 키워드광고의 높은 광고비용을 충당하기가 부담될 수 있고, 성수기 예산이 경쟁사에 비해 적다면 키워드광고 운영이 어려울 수도 있습니다. 되도록 적은 예산으로 가장 나중에 접해보거나, 적은 예산이라도 꾸준하게 운영해서 경험을 쌓는 것이 좋습니다. 광고 예산이 적으면 대행사에 광고 의뢰를 위탁하기도 쉽지 않습니다. 국내에서는 네이버 광고주 교육센터에서 계속 교육과정이 있기 때문에, 매월 교육을 신청해서 감을 잡는 것이 좋습니다. 네이버는 광고주를 위해 온오프라인에서 아주 훌륭한 교육 프로그램을 보유하고 있습니다.

모바일 앱 리타기팅 광고와 동영상 리타기팅 광고

최근 출시해 많은 각광을 받는 리타기팅 광고는 모바일 앱 리타기팅 광고와 동영상 리타기팅 광고입니다. 앱 리타기팅 광고는 우리 앱을 설치한 사람에게만 재노출하는 것에서 한 단계 더 나아가 앱 안에서 실행한 행동을 구분하고 다시 그루핑해, 해당 행동을 기준으로 광고를 재노출하는 방식입니다. 예를 들면 앱을 설치한 다음 회원가입 한 사람과 하지 않은 사람, 앱내 결제 여부 등 다양한 범주로 구분해 리타기팅 가능하다는 뜻입니다. 개념적으로는 이런 인앱액션 기반의 리타기팅을 쉽게 이해할 수 있지만, 세부 설정은 훨씬 더 복잡합니다. 디지털 마케팅에서도 앱 마케팅은 조금 별도의 영역이며, 정밀하게 보면 통계와 데이터 과학이라고 할 수 있습니다. 그러나 모바일 앱을 통해 B2B 마케팅을 하는 경우는 그리 많지 않기 때문에, 더이상 자세한 설명은 생략하도록 하겠습니다.

동영상 리타기팅 광고는 동영상을 재생한 사람에게 다시 재노출하는 광고입니다. 최근 쇼핑몰이나 유튜브에서 특정 제품을 본 적이 있나요? 해당 제품 동영상을 본 다음부터 이상하게 그 제품 광고를 여기저기서 많이 보게 되지 않았나요?

독자 여러분이 일상생활에서 느꼈던 의아함이 바로 동영상 리타기팅 광고입니다. 동영상 리타기팅 광고는 B2B에도 유용하며, 잘만 활용하면 저렴한 가격으로 잠재고객에게 콘텐츠와 브랜드를 지속적으로 재노출하는 기회가 됩니다.

저도 2018년을 기점으로 저희 광고대행사에 들어오는 신규 마케팅 의뢰의 상당수가 동영상 마케팅을 차지할 만큼, 전체 온라인 마케팅에서 동영상 마케팅의 비중이 커지는 것은 분명합니다. 이 추세는 B2B 마케팅이라고 다르지 않습니다.

B2B 동영상 마케팅의 의미는 인지도 상승과 정확한 타기팅에 있다고 말할 수 있습니다. B2B에서는 제품과 서비스의 개념을 텍스트로 서술하기 쉽지 않을 때가 많습니다. 그래서 동영상을 활용

한 설명이 상당히 유용합니다. 그런데 제가 필드에서 경험하는 동영상 마케팅의 흔한 실수는 동영상 제작 자체에만 너무 많은 공을 들이는 바람에 적절한 타이밍을 놓치거나 동영상을 제작하더라도 과도한 의욕 때문에 너무 많은 메시지를 담아서 가망 고객이 동영상을 제대로 이해하지 못하거나 싫증 내버리는 역효과입니다. 많은 동영상 제작 및 홍보 프로젝트에서 광고주의 이런 오류를 지켜보았습니다. 저희 회사는 직접 동영상을 제작하기도 하지만, 제작한 동영상 콘텐츠를 적절한 광고 상품에 탑재해서 모바일, PC, 태블릿 등 다양한 사용자에게 퍼포먼스 마케팅에 입각한 타기팅으로 최대한 많은 도달과 조회를 일으키는 것이 주요 과업인 회사입니다. 때문에 저희 회사로 제작 완료된 동영상 가안이 많이 들어옵니다. 1차 편집 동영상을 보고 동영상 확산계획을 수립하라는 요청입니다. 이름만 들어도 알 수 있는 대기업 계열 인하우스 에이전시에서 만든 영상도 있고, 아마추어 크리에이터가 핸드폰으로 찍은 영상도 있습니다. 그런데 1차 영상을 받아보면 제작비가 비싼 영상이 꼭 좋은 결과를 보장하지 않는다는 사실을 수없이 보게 됩니다. 비즈니스를 목적으로 하는 동영상이 실패하는 경우는 '너무 많은 메시지'를 담으려 하기 때문입니다. 특히 B2C 동영상은 비즈니스라는 본질 외에 유머, 반전, 공익 등 여러 가지 의미를 담아 브랜딩 할 수 있는 확률이 더 많겠지만, 디지털 마케팅에 익숙하지 않은 B2B 기업 동영상은 제품 또는 서비스의 인지도가 높지 않아서 우선 고객과 파트너의 인지에 들어가는 것을 1차 목표로 정한다면, 그 한 가지 메시지에 집중해서 쉽게 설명하는 것이 가장 현명한 판단이 될 수 있습니다. 게다가 B2B 마케팅은 일반 소비자를 대상으로 하지 않기 때문에 반드시 조회 수에 집착하지 않아도 됩니다. 동영상 광고에서 조회 수는 투입하는 광고비용과 비례합니다. B2B 동영상 광고는 앞서 말씀드린 것처럼 1차적 인지 상승뿐 아니라, 리타기팅에서도 상당한 의미가 있습니다. 동영상 리타기팅 광고는 최근 수년간 가장 각광받는 리타기팅 광고 중 하나라고 말할 수 있습니다.

동영상 리타기팅 광고는 유튜브, 인스타그램, 페이스북 등의 플랫폼에서 AI 또는 수동 입찰 기반으로 가능합니다. 예를 들어 동영상을 100% 재생한 사람, 50% 재생한 사람, 15% 재생한 사람을 각각 분류해서 다른 메시지의 크리에이티브 광고를 전달할 수 있는 것입니다.

간단하고 심플한 예로 동영상 마케팅을 B2B 영역에서 예시를 들어보겠습니다. E기업은 특수한 분야에서 사용하는 절단 공구를 개발했습니다. 그리고 절단 공구를 특수한 분야의 제조 기업에 판매해야 합니다. E기업과 광고대행사가 할 일은 특수 분야 제조업체의 CEO 또는 기술담당자, 구매담당자 등에게, 제작된 B2B 동영상 광고를 노출하는 것이었습니다.

브로슈어를 제작해서 부스를 만들고 박람회에 나갈 수도 있겠지만, 동영상을 쉽게 제작하여 업계 관계자들에게 타깃 마케팅을 하는 방법을 선택했습니다. E기업이 만들 수 있는 가장 쉬운 방법

동영상 리타기팅 광고의 실제 옵션

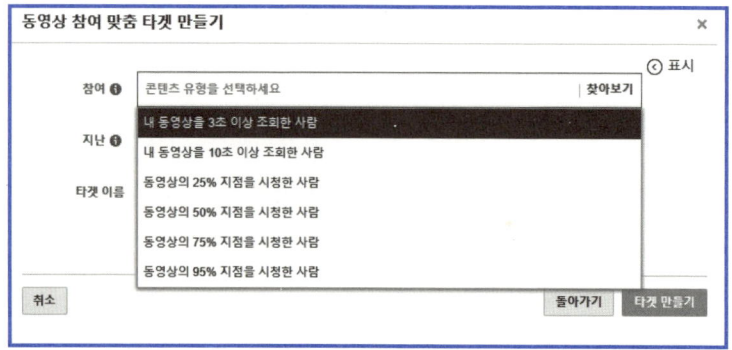

의 동영상은 그저 절단 공구가 목표 대상물을 제대로 절단해 내는 실제 상황을 보여주는 것이라고 생각했습니다.

해당 절단 공구가 얼마나 절단을 잘할 수 있는지를 작동하는 과정을 촬영하여 제품의 장점에 대한 영상을 2분 정도 길이로 제작을 하였고, 30초 정도의 짧은 편집도 잡아서, 2분 분량의 영상은 유튜브에 올렸고, 30초 정도의 영상은 페이스북과 인스타그램에 올렸습니다. 동영상은 그저 시원하고 정밀하게 해당 제품이 절단되는 것만 찍고, 자막으로 기술적인 용어를 서술했습니다. 절단공구의 동영상을 20% 재생한 사람과 50% 재생한 사람, 100% 재생한 사람이 보이는 관심사의 정도는 분명히 다를 것이라고 예상했습니다. 해당 제품에 대한 니즈가 재생 시간에 따라 다르다고 전제하고 내린 결론입니다. 이렇게 동영상 재생 길이에 따라 잠재고객을 세밀하게 구분해서 리타기팅 하는 광고 기법이 많이 생겨나고 있습니다.

장바구니 리타기팅 광고

장바구니 리타기팅 광고는 홈페이지 리타기팅 광고의 일종입니다. 다만 홈페이지가 아니라 쇼핑몰이라고 가정할 때, 방문자의 쇼핑몰 방문 행태는 쇼핑몰 메인페이지 > 상세페이지 조회 > 장바구니 담기 > 결제의 순서가 될 것입니다. 매출을 위하여 가장 집약적인 광고는 장바구니에 물건을 담아둔 사람들을 대상으로 하는 장바구니 리타기팅 광고일 것입니다.

그러나 대부분의 B2B 마케팅은 일반적인 E-커머스처럼 온라인 쇼핑몰에서 바로 결제되는 방식이 아니라, 견적서를 주고받는 형태로 많이 진행됩니다. 따라서 일반적인 E-커머스에서 진행되는 장바구니 리타기팅이 B2B에서는 일반적이지 않습니다. 그러나 이 부분에서 B2B 마케팅의 인사이트를 얻을 수는 있습니다. 조금 더 자세히 살펴보면 E-커머스에서 리타기팅 대상은 다음과 같이 분류할 수 있습니다.

① 우리 쇼핑몰을 방문한 사람 (메인페이지만이라도)
② 우리 제품을 방문하여 특정 제품의 상세페이지를 본 사람
③ 해당 제품을 장바구니에 담은 사람

이와 같은 세 단계를 B2B 관점으로 세일즈 퍼널 구조에 입각해서 생각해 보면 좋겠습니다. 제 경험으로 볼 때, 여러 가지 리타기

팅 기법 가운데 장바구니 리타기팅이야말로 가장 드라마틱한 결과의 구매 전환을 일으킬 수 있는 방법입니다. 실제로 소비재에서는 다른 광고와 비교해서 10배 이상의 구매 전환율을 보이는 사례도 많습니다. 1단계나 2단계보다 3단계에 더 가까울수록 실제 구매 시점에 가깝거나, 실제로 구매하기 위해서 가격 비교를 하는 시점이라고 볼 수 있습니다. 장바구니 리타기팅 광고는 너무 오래 리타기팅 모수를 쌓는 것보다, 적절할 시점에 리타기팅 모수를 광고로 집행하는 편이 더 좋습니다. 왜냐하면 장바구니에 물건을 담아두었다는 것은 가까운 시간에 물건을 구매하겠다는 의미이므로, 시간이 지나서 리타기팅 광고를 집행하는 것은 효과가 없을 수 있기 때문입니다. B2B 마케터의 입장에서는 어떻게 해석할 수 있을까요? 예를 들어 우리 홈페이지에 처음 왔다가 그냥 나간 사람은 충성도는 낮지만 약간의 관심사가 있다고 생각할 수 있습니다. 이때는 다시 방문하도록 상품 이미지를 재노출하는 것이 좋을 것입니다.

상세페이지에서 제품까지 보고 간 사람이라면 해당 제품에 관심 있는 것은 확실하기 때문에 해당 제품을 계속 리마인드 하는 방법이 좋을 것입니다. 만약에 살까 말까 고민하면서 장바구니에 담아둔 사람, 혹은 장바구니에 담아두었다가 잊어버린 고객이 있다면 할인쿠폰을 노출해서 구매 전환을 일으킬 수도 있습니다.

B2B 비즈니스에 대입한다면 어떨까요? 여러분이 B2B에서 정형화된 제품을 판매하는 것이 아니라면, 견적 요청이라는 메뉴가

장바구니에 해당될 것입니다. 견적 요청까지 들어온 고객에게만 강하게 리타기팅 광고를 송출해 보기 바랍니다. 그리고 B2B 제품 중 일정 기간이 지나면 다시 재구매해야 하는 사이클을 가진 경우는 반드시 리타기팅 광고를 집행해 보기 바랍니다. 리타기팅 광고는 인지 단계를 넘어선 고객을 계속 자극하는 광고라고 할 수 있습니다. 구매 사이클의 관점에서 우리 제품과 서비스가 고객의 탐색과 고려에서 끊어지지 않도록 계속 자극을 주는 것입니다. 구매 단계별로 고객을 설득하기 위해서 방문 및 미팅이 필요한 오프라인 기반의 세일즈의 수고를 온라인이 덜어주는 셈입니다.

여러 가지 온라인 상품을 만나보면, 꼭 리타기팅이 아닌 리마케팅 등 여러 가지 용어로 다르게 부르는 경우가 많습니다만, 대부분 유사한 메커니즘입니다. 리타기팅 광고는 B2B 마케팅에서 확실히 의미가 있습니다. 꼭 진행해 보고 현재 나 자신의 비즈니스에 맞는 리타기팅 광고를 찾아내기 바랍니다.

제3부

★ ★ ★

다양한 사례 분석을 통한 마케팅 인사이트

B2B MARKETING
WINNING STRATEGY

12장 .. 교육업과 요식업 실전 사례

디지털 마케팅의 미디어 믹스를 활용한 F기업

지금부터는 B2B 마케팅 실전 사례를 한 번 살펴보겠습니다. 우선 B2B 교육 창업 마케팅에 대해서 알아보겠습니다. F기업은 국내에서 유명한 교육기업이며, 교육 콘텐츠를 직접 생산하는 기업으로, 오랜 시간 동안 교육업계에서 비즈니스를 해왔습니다. 이 회사는 유아교육, 영어교육, 초등교육, 성인교육은 물론 인터넷 강의까지 상당히 많은 분야의 교육 사업을 하고 있으며, 또한 유아부터 성인까지 오프라인에 학원 창업을 하는 교육기업입니다. F기업은 전국의 주요 번화가에 오프라인 학원을 보유하고 있으며 직영과 가맹으로 많은 학원을 운영하고 있습니다. 또한 해외에도 학원이 있습니다.

저희 회사가 F기업의 마케팅에 착수할 무렵 F기업은 초등학생 대상 오프라인 학원을 전국에 500개 이상 보유하고 있었습니다. 여기에 추가하여 무점포 소자본 창업 형태의 원장이 자택 근무로 일하는 형태의 비즈니스 모델을 출시하였습니다. 그래서 저희가 의뢰받은 작업은 F기업이 신규 비즈니스 사업자를 잘 모집할 수 있도록 B2B 마케팅을 진행하는 일이었습니다.

F기업의 무점포 학원 창업은 기존처럼 오프라인에 학원을 차리기 위해 건물을 임대하고 강사를 고용하고 학부형에게 마케팅해서 학생을 모으는 방식이 아니라, 무자본 또는 소자본으로 가맹 사업에 가입한 당사자가 교사로 활동하는 형태의 사업이었습니다. 더구나 당시는 국내 경기와 주 52시간 근무, 최저 임금 등의 이슈로 소자본 창업에 대한 니즈와 관심이 많은 시기였습니다. F기업은 전국을 초등학교 단위로 분할한 다음 가맹 사업 사업자들에게 지역을 배분하고 가맹 마케팅을 실시하였습니다. 저희 회사가 F기업에게 의뢰받은 B2B 마케팅 임무는 기존 교육업 종사자, 학원업 종사자 등 교육 사업에 진출해 있는 사람들에게 소자본, 무점포 프랜차이즈 학원 가맹 마케팅 사업을 소개하는 일과 출산, 육아 등의 경력 단절로 인해 직장을 그만두고 집에 있는 여성들에게 소자본, 무점포, 프랜차이즈 영어 학습 학원을 창업 하도록 광고하는 것이었습니다. 결국 F기업 B2B 마케팅의 핵심은 창업 관심자와 경력 단절 여성 가운데 소자본 학원 창업에 관심 있는 사람들을 찾아내는 것이었습니다. 일반적으로 이런 경우는 디지털 타깃 마케팅, 조직의 상담 능력, 브랜드 인지도에 의해 B2B 마케팅 성과가 판가름

나게 됩니다. 그리고 중요한 점은 단순한 마케팅 능력에 의해서만 성과가 나는 것이 아니라 브랜드 인지도, B2B팀의 상담 능력, 조직의 업무 프로세스, 콜센터의 역량에 의해 더 크게 좌우된다는 점입니다. 흔히들 TV 광고 하나만 해도 성과가 달라질 것이라고 기대하지만, 실제는 그렇게 단순하지 않습니다.

F기업은 비교적 예산이 풍부한 상황이었는데, 앞서 설명한 대로 TV 광고 같은 하나의 수단에 집중하지 않고, 가능한 모든 디지털 마케팅 도구를 활용하기로 했습니다. 광고의 메인은 페이스북과 인스타그램 타깃 광고였습니다. 또한 대규모 창업 설명회를 할 때는 랜딩페이지를 사용했습니다. 그 결과 합리적인 비용으로 2년간

F 기업의 실전 B2B 마케팅 사례와 인사이트

업종	교육업
당시 고객이 처한 상황	오프라인 중심의 학원 비즈니스 고객이 온라인 중심으로 학습 패턴이 변하고 있어 온라인 비즈니스 모델이 필요하였음
타개책 제안	온라인 중심의 학습모델 개발, 초기 투자 비용 등의 부담이 있었기 때문에 프랜차이즈 비즈니스 모델로 사업 확장
유효 마케팅 도구	프랜차이즈 사업 모델이었기 때문에, 예비창업자를 찾는 타깃 마케팅이 가능한 소셜 미디어(페이스북, 인스타그램, 카카오), 네이버 검색광고, 네이버 키워드광고, 페이스북 잠재적 고객광고, 페이스북 트래픽 광고 상품 등을 병행함
KPI	예비창업자의 상담건수
결과	2년간 약 400개의 온라인 학원 개설

약 400개의 온라인 학원을 개설하는 성과를 거둘 수 있었습니다.

B2B 해외 마케팅에 SNS 타깃 마케팅을 활용한 G기업

G기업은 국내 어학 분야 스타트업으로, 화상 영어 교육 사업을 펼쳐 나갔습니다. 국내 영어 학습시장에서 유명한 Y사, P사, H사 등이 어학 분야의 거의 모든 시장 지배력을 가지고 있었고, 학원 브랜드와 동일한 인강 브랜드로도 성과를 내고 있었습니다. 반면 제가 마케팅을 담당하던 G기업은 유명 강사진이나 오프라인 학원 인프라가 없었습니다.

G기업의 비즈니스 모델은 국내에서 원어민과 영어 공부를 하고 싶은 사람, 특히 회화를 공부하고 싶은 사람들과 해외에 있는 영어 교육기업 또는 프리랜서 강사를 서로 연결해주는 중개 플랫폼이었습니다. 어떤 사람들은 저렴한 가격 때문에 필리핀을 비롯한 동남아 강사와 교육기업에 화상 영어 회화를 배우고 싶어 했지만, 대부분은 좀 더 비싼 비용을 지불하더라도 북미권 원어민 강사에게 화상 영어 회화를 배우고 싶어 했습니다. G기업이 저희 회사에 의뢰한 B2B 마케팅은 해외의 원어민 영어 교사를 더 많이 모집하는 것이 목표였습니다. G기업이 아무리 화상 영어 솔루션을 잘 만들었고, 수강생이 많다고 해도 강사가 부족하면 수요를 받쳐줄 수 없

기 때문입니다.

저희 회사는 먼저 페이스북과 인스타그램 타깃 마케팅을 통해 랜딩페이지를 활용하여 일정 수준 이상의 자격을 갖춘 영어 회화 강사를 모집하는 B2B 광고를 집행하였습니다. 이 역시 사업자 간의 B2B 타깃팅 방법에 해당합니다. 참고로 해외 B2B 마케팅은 대부분 페이스북 또는 링크드인을 사용합니다. 중국을 제외한 많은 국가에서 페이스북 사용 인구가 전체 국민의 70%에 육박하는 경우도 많고, 한국에 비해 페이스북에 더 편향되어 있기에 그렇습니다. 또한 영어권 사람들이 모이는 별도의 구인구직 사이트와 커뮤니티도 있기 때문에 그와 같은 웹사이트도 이용했습니다.

G 기업의 실전 B2B 마케팅 사례와 인사이트

업종	원어민 화상 영어교육
당시 고객이 처한 상황	B2C 고객이 증가하고 있었으나, 원어민 강사 및 원어민 강사를 보유한 센터의 부족으로 강의 판매를 할 수 없음
타개책 제안	북미 지역, 필리핀 지역에 원어민 강사를 찾는 구인 광고
유효 마케팅 도구	페이스북, 인스타그램, 잠재적 고객 광고, 링크드인 광고
KPI	원어민 강사의 지원, 이력서 접수
결과	북미 지역 원어민 강사를 계획보다 빠르게 채용 완료

B2C와 B2B의 시너지를 발휘한
요식업 프랜차이즈 A기업

요식업의 프랜차이즈 B2B 마케팅을 알아보도록 하겠습니다. 요식업은 저희 회사에 가장 많은 의뢰가 들어오는 분야입니다. 보통 가맹 요식업 프랜차이즈 본사가 예비창업자를 찾는 B2B 마케팅을 주로 진행합니다.

저희 회사 같은 디지털 마케팅 회사에 의뢰하는 경우는 크게 두 가지가 있습니다. 첫째, 메뉴 홍보 마케팅, 둘째, 프랜차이즈 가맹 확장 마케팅입니다. 메뉴 홍보는 B2C 마케팅이고, 가맹 확장은 B2B 마케팅에 해당합니다. 다시 한번 강조하고 싶은 중요한 지점은 B2B와 B2C 마케팅이 결코 분리되거나 떨어져 있지 않다는 사실입니다. 그러나 많은 마케팅 담당자가 B2B와 B2C 마케팅을 별개로 인식할 때가 많습니다. 하지만 절대 그렇지 않습니다. 소매에서 많이 팔려야 더 많은 도매업자가 주문을 하지 않겠습니까? B2B 시장의 분위기는 B2C에서 만들어진다는 사실을 꼭 명심해야 합니다.

그러면 외식 프랜차이즈 마케팅 사례를 들어보도록 하겠습니다. 외식 프랜차이즈 가맹본부 입장에서 B2C 마케팅과 B2B 마케팅은 어떻게 포지셔닝 될까요? 치킨 프랜차이즈라고 가정해 보겠습니다. 우선 개별 메뉴를 홍보하는 것은 B2C 마케팅입니다. 예를 들어 새롭게 로제 치킨을 출시했다고 할 때, 로제 치킨을 시장에 최대한 많이 홍보해서 판매에 기여하는 것이며, 예산이 충분하다면 아이돌 모델을 섭외하여 공중파 TV 광고를 할 수도 있을 것입니다. 예산이 부족하다면 검색광고를 한다든지 개별 소비자를 타깃으로 소셜 미디어를 활용한 광고를 진행하는 것도 생각해볼 수 있습니다. 반면 B2B 마케팅은 본사를 대신해서 제품을 판매하는 가맹점 수를 확장하는 것이 목표입니다. 흔히들 유명한 치킨 가게가 전국에 몇 호점까지 오픈했다고 하거나, 가맹점 수가 얼마나 많은가 이야기하곤 합니다. 가맹점 숫자가 늘어나는 것이 B2B 마케팅의 본질이 되는 것입니다. 가맹점 숫자가 늘어난다는 것은 곧 가맹점을 통한 유통마진이 늘어나거나 로얄티를 통한 본사 매출 증대를 의미하기 때문입니다. 그럼에도 불구하고 왜 많은 사람이 B2B 마케팅과 B2C 마케팅이 따로 떨어져 있다고 생각할까요? 혹시 대부분의 기업조직이 소비자 사업본부와 기업 사업본부로 나누어져 있기 때문에 습관적으로 그렇게 생각하는 것은 아닐까요?

용어가 따로 있고, 여러 마케팅 이론에서 B2B와 B2C를 다르게 다루지만, 100% 떨어져 있다고 보기보다 서로 많은 연관 관계를 가지고 상호보완적으로 움직인다고 봐야 할 것입니다.

요식업 가맹 마케팅의 다른 실례를 들어보겠습니다. A사는 요식업 프랜차이즈 업계에서 매우 유명한 업체입니다. 전국에 약 500개 이상의 매장을 보유하고 있었습니다. 호황에는 점포 수가 계속 늘어났습니다. 그러나 시간이 흐르면서 프랜차이즈 이미지의 노후화 등으로 가맹점 탈퇴가 늘어났고, 본사는 가맹 유지 및 신규 가맹 확보를 위해 마케팅을 해야 했습니다. 그래서 A사는 저희 회사로 찾아왔고 가맹 마케팅을 의뢰하게 되었습니다. 저는 십여 년 이상 지난 창업 아이템을 유지, 증대하는 것보다 차라리 새로운 브랜드의 확장을 권했고 본사는 가맹본부 메뉴연구팀과 함께 신메뉴를 개발해서 신규 브랜드 프랜차이즈를 출시했습니다. 야심차게 내놓은 새로운 메뉴가 히트해서 가맹이탈을 고려하던 가맹점주를 신규 브랜드로 다시 흡수할 수 있었고 안정적인 성장을 달성할 수 있었습니다. 부연하면 당시 저가 스테이크, 저가 연어, 무한 리필 등이 상당히 인기를 끌던 시기라, 이를 반영한 신메뉴의 B2C 매출이 성공적으로 받쳐준 덕분에 이런 성공이 가능했다고 생각합니다. 이와 같은 사례에서 보듯, B2C와 B2B 마케팅이 별개가 아님을 다시 한 번 강조하고 싶습니다. 요식업 프랜차이즈의 B2B 가맹 마케팅은 일부 대형 프랜차이즈 본사를 제외하면 예산이 많지 않습니다. 그리고 프랜차이즈 업계의 B2B 마케팅은 아직까지 다른 업종에 비해 오프라인 광고 의존도가 높습니다. 따라서 남들보다 먼저 디지털 마케팅을 활용한다면 더 많은 성과를 낼 수 있습니다.

일반적으로 예산이 적을 때는 소셜 미디어만을 이용하고, 어느 정도 예산을 확보했을 때는 검색광고, 브랜드 검색광고, 페이스북과 인스타그램을 이용하는 경우가 많습니다. 요식업 분야 역시 전반적으로 랜딩페이지를 활용합니다.

A 기업의 실전 B2B 마케팅 사례와 인사이트

업종	외식 프랜차이즈
당시 고객이 처한 상황	10여 년이 지난 기존 가맹업종의 부진으로 신규 외식 브랜드가 필요함
타개책 제안	젊은이들이 선호하는 신규 메뉴개발 및 홍대, 강남 지역 직영점 오픈, 메뉴 홍보 및 가맹 홍보
유효 마케팅 도구	블로그, 소셜 미디어를 통한 B2C 마케팅 예비창업자 타깃 마케팅을 위한 페이스북, 인스타그램, 카카오 B2C 및 B2B를 위한 네이버 브랜드 검색광고 예산이 충분한 시즌은 네이버 키워드광고도 함께 진행함
KPI	B2C의 소셜 미디어 팬 수 증가, 예비창업자의 상담 건수 증가
결과	1년간 전국 150개 신규 가맹 매장 확보

13장 .. 웨딩 컨벤션 기업 실전 사례

검색광고와 소셜 미디어를 활용한 I기업

 서울의 강남 중심가에서 그리 멀리 떨어지지 않은 곳에 위치한 I기업은 원래 개인 웨딩을 주로 진행하는 업체였습니다. 그러나 결혼 및 출산율이 하향곡선을 그리고, 비혼을 생각하는 사람들도 많아지면서 수익성을 향상하기가 쉽지 않았습니다.
 I기업 대표이사는 새로운 비즈니스 모델을 만들어내기 위하여 웨딩 이외의 기업행사를 유치하려고 마음먹고, 저희 회사에 의뢰를 해왔습니다.
 I기업의 특징은 강남의 중심부 역세권에 있다는 특징과 행사를 진행할 수 있는 다양한 사이즈의 소규모 룸이 많았다 것입니다. 저희 회사는 거기에 착안하여, 강남에 인접한 여러 기업에 위치기반 타깃 마케팅을 하는 동시에 수도권에 위치한 기업에게도 다양

한 규모의 행사를 개최할 수 있다는 소식을 알리는 크리에이티브로 지역 관련 타깃 마케팅을 진행했습니다. I기업은 공간을 활용하기 위한 아주 다양한 시도를 했고 기업행사와 학술행사를 수주하는 등의 다양한 성과를 얻게 되었습니다. I기업 같은 회사는 시즌과 비시즌이 분명하게 나눠집니다. 웨딩 시즌 외에는 비교적 공간 임대의 여유가 있기에 비시즌에 집중해서 기업행사를 유치하는 전략을 취했습니다. 견적 문의에 중점을 두고, 검색광고와 소셜 미디어를 조합해서 기업행사 담당자에게 도달하는 광고에 주력한 사례입니다.

I 기업의 실전 B2B 마케팅 사례와 인사이트

업종	웨딩 & 컨벤션
당시 고객이 처한 상황	웨딩고객 감소로 인한 수익 감소
타개책 제안	웨딩 이외에 기업고객 행사를 유치하기로 결정
유효 마케팅 도구	카카오, 페이스북, 인스타그램 타깃 광고, 블로그 마케팅, 체험 마케팅
KPI	신규 기업행사 고객 문의 확보
결과	학술행사 고객 및 B2B 고객 증대로 200% 이상의 매출 증대

B2B 마케팅에 채널 파트너 관리를
적극 활용한 J기업

J기업은 강남에 위치해 있었지만, 강남치고는 상당히 변두리에 있는 곳이었습니다. 일단 대중교통의 접근이 불리한 곳이었습니다. 그러나 일반 웨딩홀과 달리, 여러 개의 소규모 룸으로 이루어진 것이 아니라, 단일 규모의 큰 하나의 룸으로 이루어진, 그것도 일반 예식장보다 큰 규모로 프라이빗 웨딩을 할 수 있는 자유로운 옵션을 제공하는 공간이었습니다. J기업의 웨딩홀은 지하에 있었고 면적이 상당히 크고 대형 엘리베이터가 있어서 큰 물건도 내릴 수 있는 등 규모가 큰 다양한 일을 할 수 있는 공간을 가진 케이스였습니다. 내부 인테리어도 훌륭하고 Bar와 대형 피아노도 있었지만, 문제는 실제 대관이 일어나는 날이 많지 않았다는 점이었습니다. 한 번 매출이 일어나면 규모가 컸지만 매출이 일어나는 날이 월간 기준 통계로 많지 않았습니다.

당시에 J기업은 오프라인을 중심으로만 영업을 해왔습니다. J기업의 CEO와 마케팅 담당자, 저희 회사는 웨딩홀의 위치적 특성과 용적의 특성을 살려서 기업의 대형행사를 유치해 보기로 계획하였습니다. 대상은 연예기획사의 쇼 케이스, 게임업체의 신규 타이틀 출시, 자동차 회사의 신차 발표회, 가수의 뮤직비디오 촬영 등이었습니다.

J기업과 저희 회사가 처음 시도한 것은 최종 고객을 찾는 B2C

마케팅보다 수도권에 있는 종합광고대행사, PR사, 홍보회사 등의 담당자와 접촉하는 것이었습니다. 최대한 행사를 많이 하는 회사를 찾아서 해당 광고회사 담당자에게서 광고회사의 고객 행사를 다시 유치하는 전략을 취했습니다. 특히 자동차 회사, 연예기획사 등의 광고대행을 하는 알려진 회사들의 담당자를 접촉하였고, 실제 일을 받아내서 완성차 업체의 신차 발표회, 대형 게임사의 게임 타이틀 발표, 국내 유명 걸그룹의 쇼케이스 같은 행사를 유치하는 성과를 냈습니다. 이것이 흔히 말하는 채널 파트너 관리를 한 사례입니다.

J기업 사례는 특히 눈여겨볼 필요가 있습니다. 최종 사용자를 찾는 마케팅이 아닌, 우리를 선택해 줄 파트너를 찾는 전략을 사용했기 때문입니다. 만약 최종 사용자를 찾는 데만 집중했다면 마케팅이 더 어려웠을 가능성이 있습니다.

J기업의 실전 B2B 마케팅 사례와 인사이트

업종	프라이빗 웨딩 & 컨벤션
당시 고객이 처한 상황	시설이 넓고 좋지만 월간 대관일이 적어 매출이 많지 않음
타개책 제안	광고, 홍보업계를 대상으로 B2B 마케팅을 진행
유효 마케팅 도구	카카오, 페이스북, 인스타그램 타깃 광고, 블로그 마케팅, 체험 마케팅, 보도자료
KPI	광고업계 B2B 파트너들의 문의 증대
결과	B2B 고객의 증가로 인해 월간 공실율이 기존 대비 50% 이상 감소

유휴조직을 활용해 추가 매출을 일으킨 K기업

K기업은 웨딩 및 컨벤션, 외식업 사업을 하는 큰 회사입니다. 국내 공항, 철도, 백화점 같은 특수상권에 납품을 하고 시설도 가지고 있었습니다. 해당 기업 역시 웨딩 사업을 오래 진행해왔지만 점점 어려움을 겪고 있었습니다. K기업은 규모가 꽤 큰 기업이고, 컨벤션, 웨딩, 연회 등 사업을 위해서 상시 조리팀을 두고 있었습니다. 따라서 이미 존재하는 조리팀 인프라를 최대한 활용해서 추가 매출을 만들기로 하고 기업 수요가 있는 도시락 사업을 추진했습니다. 흔한 편의점 도시락 같은 것이 아닌, 고급 도시락 메뉴로 주로 기업, 학술대회 등 단체 행사용 도시락 시장이었습니다. 고급 IT 행사, 정부 행사, 기업홍보 행사 등 고급 도시락이 필요한 행사를 골라서 매출을 올리기로 하고, 컨벤션 마이스 업계 담당자에게 타기팅 광고를 진행했습니다. 누가 우리 회사에 매출을 줄 수 있는지 잘 생각해 보면 B2B 마케팅의 전략을 세우기가 더 수월합니다. 그리고 경쟁이 너무 심하다면 회피하는 전략을 세워보기 바랍니다.

연회 사업부가 있는 조직에서는 해당 부서를 어떻게 활용할지 고민하는 경우가 많았습니다. 여러분의 회사에서는 상시 활용하는 조직이 아닌, 유휴 기간을 가진 조직이 있는지요? 그렇다면 해당 조직을 잘 활용하는 계획을 세워보기 바랍니다. K기업은 관련 행사를 진행하는 기업을 금방 찾아서 수월하게 마케팅을 진행할 수 있었습니다. EDM, 타깃 마케팅, 랜딩페이지 전략 등을 사용하고 기업 행사 담당자에게 온라인 신청을 통해 샘플 도시락을 제공하는 등 타깃 마케팅을 진행했습니다.

K기업의 실전 B2B 마케팅 사례와 인사이트

업종	웨딩 & 컨벤션
당시 고객이 처한 상황	웨딩고객의 감소로 인한 회사의 수익 감소 임직원이 많고 고정비 계속 발생
타개책 제안	연회 사업부를 통한 B2B 행사용 고급 도시락 출시 마이스 및 행사업계에 홍보
유효 마케팅 도구	카카오, 페이스북, 인스타그램 타깃 광고, 블로그 마케팅, 체험 마케팅, 보도자료
KPI	신규 기업행사 도시락 고객 문의 확보
결과	도시락 관련 부서가 생김, 매출 포트폴리오의 재편, 매출의 30% 정도가 도시락으로 창출됨

온라인 커뮤니티와 기존 고객을 활용한 L기업

L기업 역시 웨딩업계에서 오랜 업력을 가진 업체로 시장 변화 때문에 어려움을 겪고 있었습니다. 대표이사가 유명 연예인이었기 때문에 그것을 발판 삼아 마케팅을 해왔지만 그것만으로는 쉽지 않았습니다. 때문에 결혼 관련 부가사업을 구상 중에 회사의 강점을 살리기로 결정하고, 웨딩 시장에서 이어지는 돌잔치 시장을 적

극 공략하기로 했습니다. 웨딩 고객과 인연을 계속 이어가면 돌잔치 시장으로 이어지는 기본 수요가 있었기 때문입니다. 가장 먼저 서울은 구 단위, 전국은 시 단위로 맘카페 운영자와 제휴하여 L기업의 돌잔치 패키지를 알리는 작업부터 시작했습니다. L기업은 웨딩업계에서 이미 알려진 기업이라, 전국의 맘카페와 제휴마케팅도 어렵지 않았습니다. 전국의 맘카페 운영자와 제휴한다는 것은 돌잔치를 앞둔 예비 맘과 제휴할 수 있는 거점 확보와 마찬가지라서 저희 회사에서는 이를 B2B 마케팅의 핵심 업무로 진행했습니다. B2B 마케팅에서 누가 우리에게 고객을 줄 수 있는가를 고민할 때, 어떤 파트너와 진행하면 좋을지의 관점에서 고민해 보면 좋겠습니다.

L기업은 기존 고객을 이용하여 사업 확장을 시도한 케이스입니다. 생애주기를 볼 때, 결혼과 출산은 연결된 이벤트이며, 앞선 이

L기업의 실전 B2B 마케팅 사례와 인사이트

업종	웨딩 & 컨벤션
당시 고객이 처한 상황	웨딩 고객의 감소로 인한 회사의 수익 감소
타개책 제안	결혼 시장의 연장선상에 있는 돌잔치 시장을 공략하기로 결정
유효 마케팅 도구	커뮤니티 마케팅, 블로그 마케팅
KPI	육아맘들의 돌잔치 문의 확보
결과	전국 주요 도시의 돌잔치 시장 진출

벤트로 맺은 고객과의 인연을 비즈니스로 확장한 케이스입니다. 물론 기존 고객의 정보도 활용 가능하다는 이점이 있었습니다. 요즘 대형 온라인카페는 커뮤니티라기보다 대부분 하나의 기업이나 마찬가지이기 때문에 지역을 타깃으로 제휴한 제휴 마케팅 케이스로도 볼 수 있습니다.

14장 .. 보험업과 판매업 실전 사례

타깃 광고로 오프라인 영업의
한계를 극복한 M기업

일반적으로 보험 마케팅하면, 개인에게 보험영업을 하는 B2C 마케팅을 떠올립니다. 하지만 B2C 영역에만 보험 비즈니스가 있는 것은 아닙니다. 흔히 있는 보험 마케팅이지만 사람들을 잘 알지 못하는 B2B 보험도 있습니다.

　M기업은 기업 보험영역에서 상당히 큰 입지를 가졌습니다. 대기업 계열사에 매출도 상당히 많은 기업입니다. M기업의 CEO는 기존 B2B 영업방식에 한계를 느끼고 저희 회사로 의뢰를 해왔습니다. 기업 보험은 아직까지도 대량 팩스 발송과 무작위 이메일 발송으로 영업하는 곳이 많습니다. 여러분도 회사 팩스 또는 이메일로 기업 구성원에 대한 성희롱 방지교육을 무료로 해준다거나 산

업재해, 개인정보보호법 무료강의를 해준다는 법정 의무교육 무료강좌 안내를 받아본 적이 있는지요? 알고 보면 대부분 기업 고객에게 보험영업을 하는 세일즈 기법입니다.

아무튼 M기업 CEO가 직접 요청을 주셔서 기존 개인정보를 활용한 영업과 대량메일 발송비용, 팩스 비용 등의 비효율적 지출에 부담을 느끼고 온라인으로 마케팅을 전환한 사례입니다.

사실 지금도 대부분의 경우는 상공회의소의 기업목록 등을 통한 무작위 마케팅을 하고 있습니다. 하지만 개인화되지 않은 마케팅 메시지는 전환율이 많이 떨어집니다.

이렇게 무작위로 대량메일, 팩스를 발송하는 방법 이외에 어떤 방법의 B2B 마케팅이 가능할까요? 기업에서 보험에 대한 업무를 담당하는 담당자는 누구일까요? M기업은 B2B 마케팅의 효율을 찾아가기 위해서 기업의 인사총무 담당자를 직무 타기팅해서 비효율성을 해결한 케이스입니다. M기업은 국내에서 순위권에 있는 보험회사였지만 B2B 마케팅 기법은 여전히 전통적인 방법이었기 때문에, 이를 디지털 마케팅으로 전환하는 방법을 제안하였습니다. CEO 역시 조직과 조직 유지비용과 고정비에 대한 부담을 상당히 많이 가지고 계셨고, 조직적인 문제까지 해결하기 위하여 디지털 마케팅을 도입하기로 결심했습니다. 전통적인 방법의 팩스와 이메일, 우편 DM 역시 도달 광고인 것은 마찬가지입니다. 다만 개봉율에 들이는 노력에 비하여 비용이 효율적이지 못하다는 것이 단점이었습니다.

보험업 같은 산업군은 홈페이지 전략, 제품별 랜딩페이지 전략, 그리고 CEO, 임원, 인사 담당자등을 공략할 정확한 타깃 광고 등을 사용하는 것이 일반적입니다.

M기업의 실전 B2B 마케팅 사례와 인사이트

업종	보험
당시 고객이 처한 상황	오프라인 기반 기업고객 영업의 한계
타개책 제안	기업 보험 담당자 타깃 광고를 제안함
유효 마케팅 도구	페이스북, 인스타그램 타깃 광고 (기업 담당부서 근무자 대상)
KPI	기업 보험 문의와 미팅
결과	비용 대비 효율적인 기업 보험 영업과 매출 상승 오프라인 마케팅 담당팀의 축소와 온라인 전환 소요 비용 기존 50% 이하로 감소

직무 기반 타깃 광고를 활용해 활로를 찾은 N기업

보험 관련 B2B 마케팅 사례를 하나 더 알아보겠습니다. 여러분과 100% 일치하는 업종이 아니라도 B2B 마케팅 사례를 통해 인사이트를 얻을 수도 있습니다.

혹시 '1인 GA'라는 말을 들어본 적이 있습니까? 보험업계에서 1인 GA란 1인 독립법인대리점을 의미합니다. 해외에서는

PPGAPersonal Producing General Agent라고도 하는데 독립적 보험영업 활동으로 설계사와 매니저 체계를 없애고, 본사와 다이렉트 구조로 계약한 형태의 보험영업 구조입니다. 많은 보험사가 저희 회사에 1인 GA에 타깃 마케팅을 해달라는 요청을 합니다. 보험사 본사는 1인 GA가 늘어나야 매출이 증가하기 때문입니다.

그러면 GA 비즈니스를 하려는 본사에서는 어떻게 타깃 마케팅을 해야 할까요? 당연히 보험업 종사자를 찾아야 할 것입니다. 일단 타깃 마케팅을 활용해 찾아야 합니다. 광고는 그들을 설득할 수 있는, 적어도 현재 소속 회사를 떠나서 새롭게 합류하기를 고려하는 심리상태에서 이직 문의를 받을 수 있게 하는 크리에이티브가 필요합니다. 이런 마케팅은 보험업 종사자가 많이 모인 커뮤니티 마케팅을 통해서 가능합니다. 많은 보험 영업인이 네이버 카페 등의 특정 커뮤니티에 속해 있습니다. 또한 페이스북과 인스타그램

N기업의 실전 B2B 마케팅 사례와 인사이트

업종	보험
당시 고객이 처한 상황	키워드광고 중심으로 보험영업인을 모으는 것의 한계
타개책 제안	직업 기반 보험업 종사자를 타깃할 수 있는 타깃 광고의 제안
유효 마케팅 도구	직업 기반의 페이스북, 인스타그램 타깃 광고, 보험영업인 커뮤니티 마케팅
KPI	1인 GA의 문의 증대
결과	1인 GA업계에서 3위 내로 진입, 활발한 영업 및 마케팅 활동

처럼 직업 타깃팅이 가능한 마케팅 도구, 네이버 같은 검색 마케팅 도구, 디스플레이 광고 등을 믹스해 진행합니다.

B2B와 B2G로 포트폴리오 다양화에 성공한 S기업

충전식 재생 잉크를 생산, 판매하는 S기업의 B2B 마케팅 사례를 살펴보도록 하겠습니다. S기업은 원래 B2C 시장에서 충전식 프린트 잉크를 주로 판매하고 있었습니다. 충전식 재생 잉크는 반복적 재구매율이 무척 높은 제품이지만, 어려움도 만만치 않았습니다. 진입장벽이 높지 않고, 수많은 업체들이 전국적으로 치열하게 경쟁하는 상황입니다. 하지만 제가 해당업계의 광고대행을 하면서 면밀하게 살펴보니, 네이버에서 어느 정도 검색광고 예산을 사용하면서 전국적으로 대기업에 재생 토너를 납품하기 위해 경쟁하는 B2C 재생 잉크 업체들은 손가락으로 꼽을 수 있는 정도였습니다. S기업도 그중 하나였습니다. S기업은 경기도 외곽의 넓은 부지에 위치하고 있었으며, 해외로부터 원재료를 수입하여 국내 기업 시장에 판매하고 있었습니다.

   그렇지만 재생 잉크 업체가 워낙 많고 저가 경쟁이 너무 치열해서 S기업이 B2C 시장에서 사용하는 마케팅 비용 또한 상상을 초월할 정도였습니다. 특히 서너 군데 정도의 국내 대표업체가 네이버 같은 검색광고에 투입하는 비용은 상당한 부담이었고, 계속해서 출혈 경쟁을 감수하면서 버티기도 쉽지 않은 상황이었습니다.

따라서 S기업은 매출 증가와 새로운 활로를 찾기 위하여 여러 가지 방법을 모색했는데 해답은 바로 B2B와 B2G 시장이었습니다. (B2G 시장은 나라장터 및 지자체 조달시장을 의미합니다.)

저희 회사와 S기업은 다음과 같은 전략을 세웠습니다. B2C 시장에서 재생 잉크를 판매하는 것도 의미 있지만, 개인 소비자는 가격에 민감해 조금이라도 낮은 가격에도 쉽게 이동하기 때문에 아예 B2B 시장과 B2G 시장에 집중해 인증 및 레퍼런스 전략을 적극 사용하면서 재생 잉크가 가지는 특성을 활용해 기업 이미지를 친환경 리사이클링으로 가져가 보자는 것이었습니다.

우선 B2B와 B2G 납품을 위하여 중소기업청과 지자체, 국가로부터 받을 수 있는 인증은 대부분 다 받기로 하였습니다. 이를테면 S기업은 사회적 기업, 여성 기업, 장애인 기업의 인증을 받았습니다. 이러한 인증 덕분에 공공조달 입찰시 우대, 각종 장애인 지원 사업에 우선 참여하였고, 재생잉크라는 친환경적인 비즈니스를 하고 있었기에 브랜드 행동주의에 입각한 사회적으로 의미 있는 광고를 진행하였으며, 매출의 일정 비율을 기부단체에 기부하는 활동을 진행하였습니다.

마침 당시에 서울시를 비롯한 각 지자체에서 여성, 장애인, 창년, 고령층 고용우수기업에 대한 입찰 가산점이 생겨나게 되었고, 이런 점들이 S기업에게는 더 유리하게 작용하였습니다.

또한 S기업은 B2B 시장 관리를 위해서 구형 토너에 대한 매입을 실시하고, 한 번이라도 구매 이력이 있는 고객에게는 할인을 적용해주었습니다. 이와 같은 전략으로 S기업은 레드 오션인 프린터 재생 토너 시장에서 비교적 성공적인 안착을 할 수 있었습니다.

저희 회사가 S기업의 마케팅을 컨설팅하면서 가장 고민했던 점은 다음과 같았습니다. 우선 어느 정도 규모의 기업에서, 어떤 부서에 속한 사람들이 재생 잉크를 구매하는 의사결정을 할까 하는 고민입니다. 만약 1인 기업이라면 대표가 직접 재생 잉크를 구매할 것이고, 중소기업이라면 총무나 경리 담당자가, 대기업이라면 총무부나 구매부 담당자일 것입니다. 따라서 이런 의사결정 담당자들을 대상으로 타깃 마케팅을 진행하였습니다. 게다가 재생 잉크는 반복적인 재구매 사이클을 가지는 제품이기 때문에 리타기팅 광고 또한 큰 의미가 있었습니다. 여기에 한 가지 더 덧붙인다면, PC의 프린트 잉크 표시화면에 경고창이 뜨는 시점이 소비자들

S기업의 실전 B2B 마케팅 사례와 인사이트

업종	재생 잉크 판매사업
당시 고객이 처한 상황	재생 잉크 업계의 경쟁 심화로 인한 매출 하락
타개책 제안	B2C에서 B2B와 B2G로 포트폴리오 다양화
유효 마케팅 도구	GDN, 페이스북, 인스타그램 리타기팅 광고, 검색광고
KPI	B2B, B2G 분야 고객문의 증대
결과	전체 매출의 70% 이상을 B2B와 B2G로 대체함 레드 오션에서 경쟁이 적은 분야로 시장 전환 성공

의 구매 시점이기 때문에 검색광고 또한 활용 가치가 있었습니다.

15장 .. 소프트웨어와 가전업 실전 사례

신규 고객 확보와 포트폴리오 다양화에 성공한 H기업

H기업은 스마트폰 관련 대규모 소프트웨어 테스팅 회사였습니다. 대형 스마트폰 브랜드에서 제품을 생산하면 위탁을 받아, 대규모로 소프트웨어 관련 테스트를 진행하는 회사입니다. 스마트폰에 기본 탑재된 소프트웨어에 오류가 있으면 안 되기 때문에 다수의 스마트폰 회사가 테스트를 의뢰하고 있었습니다. H기업은 매출 규모도 중견기업 규모였으며, 테스팅 관련 많은 인원을 정규직으로 채용하고 있었습니다. 테스팅 업무는 스마트폰에 이미 깔려 있는 앱을 미리 점검하는 업무입니다. 우리가 사용하는 날씨, 계산기, 녹음 앱도 있을 것이고, 그 외에 많은 앱이 기본 탑재되어 있습니다. 당시는 스마트폰 산업 자체가 무척 호황이라서 소프트웨어

테스팅 관련 회사 역시 많은 매출을 올리고 있었습니다. 그러나 이렇게 상당한 규모의 테스팅 관련 인원을 정규직으로 보유하고 업무를 진행할 만한 규모의 경제 상황을 항상 누릴 수는 없습니다. 경기가 좋을 때는 매출도 받쳐주지만 아닌 경우는 테스팅 인원의 유지 자체가 부담될 수도 있습니다. 그래서 H기업에서는 기존 스마트폰 제조사 외에 새로운 고객을 발굴하려는 시도를 하기로 계획을 세우고 저희 회사에 B2B 마케팅을 의뢰했습니다. H기업의 테스팅 인력은 테스팅 진행 기간에 항상 전원이 투입되는 것이 아니라, 일부만 테스팅 업무를 진행하고 일부는 일정하게 남아서 다음 테스트를 위한 대기 상태에 있었습니다. H기업 경영진은 스마트폰 제조사와 장기 테스팅 프로젝트 시간 외에 1-2개월 정도를 활용해 진행할 수 있는 추가 프로젝트를 찾고 있었습니다. 그리고 자투리 시간의 프로젝트가 수익이 된다면 이것을 확장해서 또 다른 수익구조로 만들어보자는 여정이었습니다.

정리하면, H기업은 평소 스마트폰 제조사와 외주 계약을 맺고 상당히 많은 인력을 투입하는 장기 프로젝트를 통해 수익의 대부분을 얻었지만, 유후 인력을 활용해서 새로운 수익 모델을 창출하고자 했던 것입니다. 이것은 H기업의 소프트웨어 테스팅 업무 인력이 스마트폰이라는 플랫폼을 기반으로 한다는 특징을 가졌기 때문에 동일하게 앱 비즈니스와 유사한 게임, 생활 관련 앱 업무에서도 업무수행이 가능하다는 점을 놓치지 않은 것입니다.

B2B 마케팅을 담당한 저희와 H기업이 가장 먼저 했던 작업은

국내 게임업체와 앱 개발 업체 중에 소프트웨어 테스팅 상근 인력을 가지고 있지 않은 개발사를 찾아서 타깃 마케팅을 하는 것이었습니다. 제가 줄곧 언급한 이야기지만, 직업과 직함 관련 타기팅 기법에서 타깃 대상은 사람이라는 사실을 잊지 말아야 합니다. H 기업 역시 게임회사나 소규모 소트트웨어 개발사를 직접 타기팅한 것이 아닙니다. 관련 회사를 다닐법한, 앱 개발과 연관있는 사람, 혹은 그런 회사를 경영하는 경영자를 중심으로 B2B 타기팅을 한 것입니다.

그리고 H기업의 B2B 마케팅에서는 랜딩페이지 전략과 페이스북 타깃 광고, 사전에 준비한 시나리오 기반의 이메일 마케팅 도구가 유효하게 작용했습니다.

H기업의 실전 B2B 마케팅 사례와 인사이트

업종	소프트웨어 테스트
당시 고객이 처한 상황	고객 포트폴리오가 다양하지 못했고, 테스팅팀의 유휴 기간이 불규칙적으로 발생
타개책 제안	중소 규모의 고객군을 확보하여 상시적인 테스팅 업무 진행
유효 마케팅 도구	블로그, 보도자료, 페이스북, 인스타그램 타깃 광고
KPI	신규 고객 문의 확보
결과	게임 고객을 비롯한 신규 고객을 다수 확보하여 포트폴리오의 다양화 성공

리타기팅으로 매출을 높인 T기업

T기업은 중고가구, 사무실 집기, 에어컨 등 중고가전을 전문적으로 B2B 시장에 판매하는 큰 규모의 회사입니다. 제가 T기업 사례에서 언급하고 싶은 내용은 B2B 마케팅과 세일즈 그리고 견적서에 대한 내용입니다.

T기업은 우리가 흔히 아는 1인 가구나 가정에서 사용하는 중고 가구용품이 아니라 기업 시장에서 꽤 오래 중고용품 거래를 해왔습니다. 전국에 10여 개의 지사와 자체 물류센터도 보유하고 있습니다. 중고가구와 가전에서 B2B 시장은 건축 현장, 모델하우스, 공장 등 현장에서 사용하는 일체의 제품을 중고로 납품하고, 또한 현장 철거 때 매입하는 시장이며, 이를 입찰하는 시장입니다. 재고 때문에 넓은 부지가 있어야만 가능한 업종이고, 부동산을 직접 보유하는 경우가 많아서 상당한 자본이 필요한 사업입니다.

제가 T기업을 처음 만났을 때 무척 특이하다고 생각했던 것은 규모와 다르게 일반 임대형, B2C 쇼핑몰 비즈니스를 하고 있었다는 점입니다. 그러나 쇼핑몰에서 실제 거래는 전혀 이루어지지 않았고 심지어 제대로 된 가격조차 표시되지 않았습니다. T기업 대표이사는 검색광고 초기부터 검색광고를 진행해서 전형적인 검색광고에 밝은 분이었는데 당시는 새로운 마케팅 방법을 찾는 상황이었습니다.

디지털 마케팅 도입을 고려하는 많은 B2B 기업의 고민은 B2B

는 B2C처럼 고객의 오더나 요청이 정형화되어 있지 않다는 점입니다. 그래서 B2C에 비해 자동화가 덜 되거나, 손이 많이 가고, 매뉴얼로 업무를 진행해야 하는 일이 분명히 존재합니다. 하지만 그렇다고 B2B 마케팅을 피할 이유는 전혀 없습니다. 최대한 도입이 가능한 만큼은 B2B 마케팅에 디지털 마케팅을 도입하기를 권장합니다.

B2B의 불편한 점을 따진다면, 일단 B2B는 제품과 서비스가 주문 제작 형태로 경우의 수가 많은 때가 많습니다. 또한 거래단위가 크고, 납품까지 오래 걸리는 경우가 많기 때문에, 기존의 E-커머스처럼 온라인에서 모든 조회, 주문, 결제, 배송 등이 이루어지지 않는 때가 많습니다. T기업처럼 결제기능이 있는 B2C 쇼핑몰을 이용하지만, B2C처럼 개별 거래 수량의 건수가 많아서 많이 팔리는 것도 아니고, 쇼핑몰은 카탈로그의 역할만 하고 제품을 보고 견적을 주고받고, 협상에 의해 할인율을 적용하여 최종 거래가 일어나는 케이스가 많습니다. 하지만 B2B 온라인 쇼핑몰이 B2C를 위한 카탈로그의 역할만 한다고 해서 꼭 나쁜 것은 아닙니다. 왜냐하면 B2C 쇼핑몰에 리타기팅 기능, 장바구니 기능 등 마케팅을 위한 대부분의 기능을 담을 수 있기 때문입니다.

T기업은 매출의 90%가 기업고객의 대량구매 때문에 일어납니다. 또한 홈페이지 로그 분석을 해보아도 일반적인 B2C 홈페이지처럼 트래픽이 많지 않습니다. 트래픽이 많지 않기 때문에 리타기팅과 같은 광고 모수를 B2C만큼 모으기도 쉽지가 않습니다. 하지

만 리타기팅 광고는 상당히 의미가 있습니다. 작은 트래픽이라도 의미가 있으며, 전환단가가 큰 규모의 거래가 단일 고객으로부터 나올 수가 있었습니다. 중고거래에 대한 니즈가 언제 있을지 모르니, 검색광고나 SEO가 중요합니다. 흔히 말하는 깔아두는 광고도 중요합니다. 그리고 중고물품에 대한 신뢰도가 필요하므로 각종 인증, 보도자료, 인터뷰 등이 의미 있었습니다. 그리고 납품 레퍼런스 마케팅이 가장 큰 의미가 있었습니다. 따라서 납품 사례를 잘 알리는 마케팅이 성과가 있는 편입니다.

T기업의 실전 B2B 마케팅 사례와 인사이트

업종	기업 시장의 중고가구 및 가전 판매사업
당시 고객이 처한 상황	키워드 광고 중심의 고비용 온라인 광고
타개책 제안	리타기팅 광고로 광고 ROI 상승
유효 마케팅 도구	GDN, 페이스북, 인스타그램 리타기팅 광고
KPI	B2B 분야 고객 문의 증대
결과	리타기팅의 적용으로 기존 대비 20% 매출 상승

타기팅을 통해 새로운 고객을 발굴한 U기업

과거와 달리 소프트웨어나 하드웨어의 구매방식이 바뀌었습니다. 일시불이 아닌, 매월 특정한 비용을 내는 이른바 구독경제가 요즘

화제인데요. 비단 기업영역뿐 아니라, 가정에서 사용하는 가전제품, 생활제품 등에서도 구독경제를 다수 찾아볼 수 있습니다. 기업 업무 및 전산 시장도 마찬가지입니다. 저희 회사에 의뢰가 들어왔던 고객의 사례를 살펴보도록 하겠습니다.

U기업은 소프트웨어 개발 회사로, 모바일 시대를 맞이하여 대형 전산실은 아니지만 적어도 한 대 이상의 서버를 보유하고 있어서 자체적인 용도로 운영 중이거나, 직접 운영하는 홈페이지가 있는 고객들을 대상으로 서버 및 홈페이지 모니터링 서비스를 개발하여 출시하였습니다. 과거 홈페이지를 관리해 보신 분들은 갑자기 늘어난 트래픽으로 홈페이지가 다운되거나 느려진 경험이 있을 것입니다.

해당 소프트웨어와 기존 소프트웨어의 차이점은 관리자가 모바일 앱으로 원격에서 쉽게 서버나 홈페이지 접속자가 얼마인지, 부하는 몇 % 인지 등을 볼 수 있었으며, 홈페이지 또는 서버의 접속자와 사용률이 일정한 임계점에 도달하면 스마트폰으로 경고 메시지를 보내주는 서비스를 출시하였습니다. 월 1만 원 정도 가격으로 스마트폰에서 앱만 실행하면, 현재 홈페이지의 트래픽 데이터를 대시보드 형태로 보여주고, 유사시에 푸시 및 문자로 알람을 받는 서비스였습니다.

당시에 이런 서비스를 필요로 하는 고객이 상당수 있었고 실제 출시된 서비스는 많지 않았기 때문에, U기업은 퍼스트 무버로서 구독 서비스 고객을 계속 늘려갈 수 있었습니다. 이런 경우에는 어떻게 타기팅을 해야 할까요?

  기본적으로 전산이나 컴퓨터 등을 전공한 사람, 개발자 등의 직업을 가진 사람이 해당 업무를 할 가능성이 많고, 해당 계층에 1차적으로 홍보되어야 넓게 브랜딩 할 가능성이 많기 때문에 전공에 대한 타기팅을 하거나, 직업에 대한 타기팅을 하는 것이 일반적이기 때문에 그렇게 확장전략을 펼친 케이스입니다.

U기업의 실전 B2B 마케팅 사례와 인사이트

업종	기업용 관리 소프트웨어
당시 고객이 처한 상황	모바일 시대를 맞아 소규모 기업 대상의 새로운 수익모델 필요
타개책 제안	소규모 개별 서버운영 기업을 타기팅
유효 마케팅 도구	페이스북, 인스타그램 광고로 직업, 전공 타기팅
KPI	APP 인스톨 증가
결과	신규 고객 확보 성공, 회사전체 영업 포트폴리오를 100% 중견기업에서 10% 이상의 소기업으로 일부 재편성

에필로그

당신이 디지털 마케팅에 익숙하지 않은 B2B 담당자라면

저는 이 책을 반드시 B2B 기업의 마케팅 담당자에게만 집중해서 쓰지는 않았습니다. 또한 B2B 마케팅을 반드시 대기업 간의 거래로만 단정 지을 필요도 없습니다. 중소기업, 소기업에서도 B2B 거래를 통해 많은 수익을 창출할 수 있습니다.

이 책은 기업과 기업 간의 거래를 성사시키려 하는 분, 해외에 있는 제품을 국내로 들여와 처음으로 시장에 공급하시려는 분, 그리고 기존 B2B 시장에만 있다가 직접 소비자를 대상으로 처음 B2C 온라인 마케팅을 하려는 분 모두에게 적용 가능한 내용에 대하여 초보적인 부분에서부터 차근차근 다루고자 하였습니다. 특히 유통을 하시는 분보다 직접 생산을 하시는 분이 B2B, B2C 마케팅에 직접 뛰어들 때 당면하는 여러 시행착오를 저는 필드에서 많이 보아왔고, 그 기억을 모아서 정리해 보았습니다.

아무래도 B2C 마케팅을 해보지 않은 분들은 대부분 유통보다 생산 쪽에 가깝게 계신 분이며, 디지털 마케팅을 낯설게 느끼시는 경우가 많습니다. 그러나 생산자는 가격을 컨트롤할 수 있는 여지가 많습니다. 생산자분들께서 디지털 마케팅을 도입하면 훨씬 더 유리하고 점프의 폭도 커질 수 있습니다.

제 고객 중에서도 직접 생산만 하다가 제품과 서비스를 가지고 직접 시장에 진출하고자 하는 의뢰가 많았고, 저는 그분들과 함께 다수의 성공 사례를 만들어왔습니다.

저는 이 책이 B2B 마케팅이라는 용어의 본질적인 의미를 탐구하는 것보다도 현재 디지털 마케팅이 낯선 B2B 종사자에게 실제적인 도움이 되기를 희망합니다. 아직 디지털 마케팅이 익숙하지 않은 비즈니스 영역에 계시다면 현재 종사하는 산업에 맞게 적용해 보기 바랍니다.

부록1 코로나19 팬데믹과 B2B 마케팅의 변화

실제로 겪어본 코로나19 팬데믹의 긍정적 변화

필자가 코로나19 기간에 겪었던 변화에 대한 두 가지 사례를 공유하고자 합니다.

첫 번째 사례는 B2B 영업, 마케팅, 용역이 모두 온라인으로 진행된 필자의 경험담입니다. 필자의 회사 광고주 중 가장 큰 고객인 A고객과는 영업 단계부터, 견적, 가격 협상, 계약, 유지보수, 월간 마케팅 성과 보고까지 코로나19로 인해 모두 비대면으로 진행되었습니다. 큰 금액의 계약이지만 A사와는 단 한차례도 만난 적이 없습니다. 제안서는 이메일로 제출하였으며, PT는 Zoom으로, 견적과 가격 협상도 이메일로 진행되었습니다. 계약 역시 인감 날인이 아닌 전자계약으로 진행되었고 일상적인 커뮤니케이션은 카카오톡 단체 대화방에서 진행되며, 주간 보고는 이메일로, 월간 보고는 Zoom으로 진행되고 있습니다. 이렇듯 변화가 많고 커뮤니케이션의 필요성이 많은 B2B 마케팅이 2년간 비대면으로만 진행되고 있습니다. 코로나19 이전에는 전혀 생각지 못했던 상황입니다.

두 번째 사례는 단위 시간당, 단위 인원당, B2B 업무량이 증가된 사례입니다. 코로나19로 인해 대표적으로 극복된 것이 B2B 업무에 있어서 공간 제약의 해소입니다. B2B 마케팅에 있어서, 가장 중요한 것 중의 하나는 물리적 제약입니다. 필자는 코로나19 이후에 오히려 미팅의 건수가 증가하였는데, 이유는 공간의 제약이 없는 Zoom 미팅을 통한 영업 기회의 증가와 오프라인 미팅들 사이에 끼어들 수 있는 온라인 미팅이 증가하였기 때문입니다. 코로나19 이전에 B2B 업계에서 미팅이라고 하면, B2B 영역에서 재화나 용역을 제공하려는 자와 공급받으려는 자 둘 중 하나는 상대 측으로 물리적 이동을 하여 상호 대면을 하는 행위를 말했습니다. 하지만 이제는 다릅니다. 해외 미팅이 아닌 국내 미팅 역시 근처에 있는 기업끼리도 Zoom을 통한 온라인 미팅이 활성화됨에 따라, 이동 시간을 업무 시간으로 전환하고 더 많은 미팅을 진행할 수 있습니다. 필자는 실제로 코로나19 이후, 틈새 시간에 주차장에서 가상배경 설정을 하고 자동차 안에서 Zoom 미팅을 진행한 사례가 다수 있고, 때로는 이동 중에 동선을 짜서 스터디 카페 1인용 회의실에서 B2B와 관련된 미팅을 진행한 바가 다수 있습니다. 코로나19 이전 같으면 실제 미팅 자체가 어려운 시간과 상황이었지만, 코로나19 상황이라 가능했습니다. 그리고 오히려 그 기회와 횟수는 늘었습니다. 여러분도 코로나19 기간에 어려움도 많았지만 이런 변화를 겪지 않으셨나요? 그 어느 때 보다 B2B는 민첩성이 필요한 환경이 되었습니다.

빨라진 B2B 마케팅의 흐름 속에 체크해야 할 것들

비대면의 소용돌이 속에서 B2B 영업 전쟁터에 쓰이는 디지털 마케팅의 도구는 더욱더 다양해지는 동시에 정교해졌습니다. B2B 마케팅의 디지털 전환은 코로나19 이전부터 진행되어 왔으나, 코로나19가 변화 속도를 더욱 증가시켜 이제 거스를 수 없는 흐름이 되었다고 필자는 판단하고 있습니다. 그렇다면 포스트 코로나 시대의 B2B 기업은 세일즈와 마케팅에 있어서 무엇을 준비해야 하고, 어떠한 사항을 체크해야 하는 것일까요?

1. 제품과 서비스 소개를 위한 동영상은 필수: 컨퍼런스, 박람회, 세미나, 미팅과 같이 대면으로 긴 시간 고객을 설득할 수 없고, 짧은 시간 내에 큰 임팩트를 주어야 하기 때문에 B2B에서도 제품과 서비스 소개 동영상은 필수가 되어가고 있습니다. 필자의 회사의 경우, 코로나19 기간 동안 초기에는 시설 방역 수칙이나 자사가 얼마나 방역을 잘 하고 있는지에 대한 소개 동영상 의뢰가 많았습니다만, 시간이 갈수록 제품과 서비스 소개 영상 제작 의뢰가 늘었습니다. 또한 정부지원금, 지자체 지원사업, 바우처 사업 등에서도 이러한 영상 제작에 대한 지원 카테고리가 많아져 B2B 기업의 영상 제작 의뢰 사례도 지속적으로 늘어나고 있습니다.

2. B2B 기업의 온라인 홍보 채널 활성화: 코로나19로 인해 고객의 구매팀이 파트너를 찾는 방법의 디지털 의존도가 더 심해짐에 따라 홈페이지와 블로그, 유튜브, 소셜미디어 등의 공식 채널과 홍보 채널을 제대로 갖추지 않은 조직은 기회 자체가 이전보다 줄어드는 불평등의 시대가 도래하고 있습니다. 아직도 온라인 홍보 채널을 B2C 기업만이 갖추어야 할 덕목으로만 생각한다면, B2B 회사인 우리 회사로 인입되는 트래픽 자체가 상당히 줄어들 것입니다. 온

라인 홍보 채널을 반드시 구축하시기 바랍니다.

3. **하이브리드 형태의 B2B 마케팅과 세일즈**: B2B 필드 세일즈와 마케팅의 많은 부분은 온라인과 오프라인의 하이브리드 형식으로 전환되고 있습니다. 코로나19 팬데믹이 시작된 초기에 대부분의 B2B 영역은 직격탄을 맞았습니다. B2B 사업 비중이 큰 기업들은 영업 이익이 하락하거나 적자인 기업도 생겨났습니다. 당시에 모두들 B2B 기업의 매출 하향 곡선에 대해서만 생각했지만, 많은 기업들이 피보팅을 시도하고 이에 성공한 기업들이 나타남에 따라, 이제 디지털 플랫폼을 이용하여 B2B 기업의 마케팅 전략을 세우는 일은 필수가 되었습니다. 코로나19 초기에 모든 B2B 중심 기업들의 고민은 코로나19로 차단된 기존의 대면 루트와 인적 네트워킹 리소스에 기반한 B2B 세일즈 경로를 어떻게 복구할 것인가였습니다. B2B 디지털 마케팅은 해보면 됩니다. 오프라인을 온라인으로 전환해 보는 경험이 중요합니다.

4. **비대면 행사와 비대면 미팅의 활성화**: 부스 행사 등의 감소, 비디오 컨퍼런스, 웨비나 증가는 이미 일상이 되었습니다. 과거 해외 바이어, 해외 본사와의 미팅만 컨퍼런스콜로 원격 미팅이 이루어지는 경우가 많았으나, 코로나19 이후에는 국내에서 근처에 있는 기업끼리도 Zoom을 이용한 미팅은 일상화되고 있습니다. 특히 물리적인 이동 시간이 필요하지 않고 미팅 장소를 예약해야 하는 수

고가 필요 없기 때문에, 미리 예정된 미팅 외에도 어떤 이슈가 발생되는 즉시 미팅을 할 수 있다는 장점이 있습니다. 조직 속의 개인이 바뀌는 것은 기업이 바뀌는 것이며, 기업이 바뀐다는 것은 B2B 마케팅이 바뀌는 것을 의미합니다. 코로나19 이전에 방문 세일즈, 전시회, 박람회, 컨퍼런스가 웨비나, 홈페이지, SNS 이벤트 등으로 변화되었습니다. 이제 B2B 중심의 기업들은 고객의 영업적 니즈를 온라인에서 캐치해야 하는 디지털 센싱 능력이 필요합니다.

5. **재택 근무 일상화, 대면 접촉 최소화**: 글로벌 기업을 중심으로 영구 재택 근무를 하는 회사도 늘어나고 있습니다. 기업들은 이제 B2B 세일즈 조직과 마케팅 조직을 어떻게 운영할지를 고민해야 합니다. 실제 코로나19 기간 동안 비대면 근무에 익숙하게 되어 제페토, 게더타운과 같은 디지털 도구를 이용하여 재택 근무 또는 원격 근무를 하거나, 월간 근무 시간의 일정 비율을 재택이나 원격 근무로 전환하는 경우도 늘어나고 있습니다. 코로나 19 이전에도 B2B 세일즈 조직에서 모바일 오피스를 적용해 온 케이스가 많습니다. 하지만 앞으로 기존 모바일 오피스에서 더 진화하여 재택 근무와 원격 근무는 더욱더 활성화될 것으로 보입니다. 나아가 세일즈 인력의 경우 근무 시간의 일정 비율을 재택으로 전환해 주는 것이 채용 조건의 경쟁력, 근무 여건의 메리트로 더욱 인식될 것입니다. 장기적으로 기업 본사의 물리적 입지가 채용이나 근로 조

건에 미치는 영향력이 줄어들 것이므로, B2B 기업들은 이러한 점에 관심을 기울여야 합니다.

6. B2B 세일즈에 대한 역량 평가 기준의 변화: 코로나19는 B2B 기업의 일하는 방식을 빠르게 바꾸고 있으며, 여기에는 디지털 도구를 이용한 리모트 셀링(remote selling)이 한 축이 되고 있습니다. 또한 개개인에게도 이러한 역량이 요구되고 있습니다. B2B 세일즈, 마케터들에게는 기존과 다른 역량이 요구되고 있습니다. 조직 평가 기준도 인적 네트워크에서 디지털 활용 능력까지 포함하는 것으로 변화되어야 합니다.

7. 변화하는 B2B 마케팅 환경에 필요한 교육 필요: B2B 마케팅에서 구매 사이클이 비교적 긴 것과 세일즈의 역할, 인적 네트워크의 중요성은 계속될 것이지만, B2B 디지털 마케팅과 마케터는 B2B 세일즈들에게 이러한 디지털 무기를 최대한 제공하는 역할로서 그 중요성이 더욱더 부각되고 있습니다. 코로나19 팬데믹 이후 여러 B2B 기업에서 이러한 세일즈 조직을 위한 소셜미디어 교육, 디지털 윤리 교육, 마케팅 자동화 교육 등에 대해 필자의 회사에 의뢰하는 건수가 늘고 있습니다. 이처럼 변화를 필자는 몸소 체험하고 있습니다.

8. B2B 기업 스스로가 마케팅과 세일즈의 디지털화 정도를 체크하는 것이

필요: 이러한 복잡한 상황 속에서 B2B 기업은 스스로 점검할 체크리스트가 반드시 필요합니다. 디지털 전환의 정도, 조직원들의 디지털 교육의 정도, 조직의 디지털 세일즈 데이터 활용의 정도, 조직원들의 디지털의 익숙함 정도를 체크리스트로 만들어 뒤처지지 않도록 관리하는 것이 필요합니다. 코로나19 팬데믹의 끝이 보이는 지금 시점에서 아래와 같은 B2B 마케팅과 세일즈 체크포인트를 활용해 보시기 바랍니다. 앞서가는 B2B 기업들이 먼저 디지털화한 영역입니다.

B2B 마케팅 & 세일즈 디지털화 체크 포인트

구분	활동
내부 접점 디지털 전환	원격근무를 위한 가상 미팅 도구를 내부적으로 활용한다.
외부 접점 디지털 전환	고객 미팅을 위한 가상 미팅 도구를 외부적으로 활용한다.
홍보 채널 디지털 전환	B2B 비즈니스를 위한 전용 디지털 홍보 채널이 있다(유튜브, 블로그, 소셜미디어 등).
영업 채널 디지털 전환	기존 전시회, 컨퍼런스를 웨비나, 디지털 컨퍼런스로 전환시킨 경험이 있다.
데이터 활용 디지털 전환	B2B 세일즈의 각 단계의 데이터를 활용할 수 있는 CRM이 도입/구축되어 있는가?
리드너처링 (Lead Nuturing)에 디지털 도구 활용	전화 접촉 외에 수집된 리드를 기반으로 이메일, 카카오, 문자 등의 도구로 지속적인 설득을 하고 있는가?

부록2 B2B 디지털 마케팅 용어사전

아래는 B2C 마케팅에서도 흔히 쓰는 디지털 마케팅 용어입니다. 그러나 B2B 마케팅으로 처음 디지털 마케팅에 입문하는 분들을 위해서 용어의 기본 개념을 잡을 수 있도록 정리해 보았습니다. 특히 B2B 마케팅은 트래픽 수량이 낮은 경우도 많기 때문에 용어 이해를 통해서 마케팅 전체의 감을 잡고 지표를 정확히 이해하고 파악해야 합니다.

• 리드 (Lead)

흔히들 DB라고도 부르는 것으로, 합법적으로 확보한 자사 제품 또는 서비스에 관심이 있는 가망 고객의 정보를 말합니다. 주로 이메일, 핸드폰 번호, 주소, 성별 등의 칼럼으로 구성되어 있습니다.

• SEO (Search Engine Optimization, 검색엔진 최적화)

네이버, 구글 등의 검색사이트에서 웹페이지 및 웹사이트를 검색에 최적화해서 자사의 웹사이트 검색 결과 순위를 좀 더 향상시키는 활동입니다. 검색엔진마다 알고리즘이 다르므로 검색엔진을 최적화하는 방법 또한 다릅니다.

- **CVR (Conversion Rate, 전환율)**

광고에 노출된 사람에 대비하여 목적하는 행동을 취한 사람의 비율을 의미하며, 전환의 기준은 클릭, 구매, View 등 측정 기준에 따라 다릅니다.

- **이탈률 (Bounce Rate)**

반송률로도 표기합니다. 가망 고객이 광고를 통해 유입된 이후 웹사이트의 첫 번째 페이지만 보고, 구매나, 회원가입 등의 아무런 상호작용 없이 타 페이지로 유입 없이 나가는 비율을 의미합니다. 웹사이트를 가망 고객의 니즈에 맞도록 잘 제작되었다면, 이탈률이 낮을 것입니다.

- **이탈률 (Exit Rate)**

한글로 해석할 때, Bounce Rate와 Exit Rate는 똑같이 이탈률로 표기되지만, Bounce Rate는 아무런 상호작용 없이 웹사이트에서 나간 비율을 의미하며, Exit Rate는 상호작용을 모두 완수한 이후에 웹사이트에서 벗어나는 것을 의미합니다. 예를 들어 웹사이트 메인 페이지의 이탈률은 Bounce rate를 의미하며, 결제 완료 페이지의 이탈률은 Exit Rate를 의미합니다.

· CPC (Cost per Click)

광고의 과금 방식이 클릭 횟수인 것을 의미하며, 노출과는 상관없이 사용자가 광고를 클릭할 때마다 비용이 차감됩니다. 네이버의 '파워링크'가 대표적인 CPC 광고 상품입니다.

· CTR (Click Through Rate)

광고를 본 사람 중에 광고를 클릭한 사람의 비율, 광고의 종류에 따라서 CTR은 다르게 나옵니다. 클릭률이 높을수록 광고의 효과가 높다고 판단할 수 있습니다.

· CPA (Cost per Action)

소비자가 광고를 보고 광고주가 원하는 행동을 했을 때 행동당 과금된 비용을 의미합니다. 주로 광고주가 원하는 회원가입, 구매, 상담 신청 등이 행동의 기준이 됩니다.

· CPI (Cost per Install)

설치당 과금 방식. 주로 앱이나 게임 마케팅에서 발생한 용어로 CPA의 하위 개념입니다.

• CPV (Cost per View)

광고 시청당 비용 지급방식. 유튜브나, 페이스북과 같은 동영상 서비스 플랫폼에 주로 사용됩니다. 대부분 일정 시간 이상 광고를 시청해야 과금됩니다.

• CTA (Call To Action)

사용자의 반응을 이끌어 내는 요소 또는 행위를 의미합니다. 실무에서 흔히 광고의 다운로드, 좋아요, 더 알아보기, 예약하기 등의 행동 유도 버튼처럼 사용자가 특정 행동을 하도록 유도하는 것을 CTA라 부릅니다.

• CPM (Cost per Millenium/Cost per thousand impressions)

1,000회의 광고가 노출되었을 때의 비용 기준 금액을 의미하며, 광고비를 책정하는 기준의 하나입니다. 매체에 따라 CPM 가격은 달라집니다.

• DAU (Daily Active Users)

일간 활성 이용자를 말합니다. 흔히 앱 비즈니스에서 가장 많이 사용되며, 앱 설치 이후에 매일 앱을 오픈하여 이용하는 사용자를 의미합니다.

- **MAU (Monthly Active Users)**

월간 활성 이용자를 말합니다. 흔히 앱 비즈니스에서 가장 많이 사용되며, 앱 설치 이후에 매월 앱을 오픈하고 이용하는 사용자를 의미합니다.

- **노출 (Impression)**

사용자에게 보이는 광고 횟수를 의미합니다. 특히 배너광고와 소셜 미디어 광고가 사용자에게 한 번 노출 될 때마다 1회로 계산합니다.

- **도달 (Reach)**

배너광고나 소셜 미디어 광고가 사용자에게 한 번 이상 노출된 숫자를 의미합니다. 도달은 사용자에게 광고가 여러 번 노출되었더라도 한 번으로 계산됩니다. 특히 노출과 도달 광고 성과의 척도가 되므로 반드시 구분하여 인지하여야 합니다.

- **PV (Page View)**

사용자가 특정 웹사이트를 방문하여 접속한 페이지 수를 의미합니다. PV는 방문자 수보다 일반적으로 높으며, 웹사이트 내의 주요 페이지의 PV를 분석하여 마케팅 전략을 세우는 기준으로 사용합니다.

- **UV (Unique Visitor)**

사용자가 특정 웹사이트를 방문한 수를 나타내며, 중복을 제외한 순수한 수치를 의미합니다. PV는 짧은 시간에 여러 번 웹사이트를 방문하면 올라가지만, UV는 올라가지 않습니다.

- **체류 시간 (DT, Duration Time)**

특정사용자가 웹사이트에 진입하여 머물다가 떠날 때까지의 시간을 의미합니다. DT는 고객의 충성도 또는 웹사이트의 문제점을 가늠할 수 있는 지표로 PV와 함께 의미를 가집니다. 유입매체별로 체류 시간은 다를 수 있기 때문에 그 점은 충분히 고려해야 합니다. 일반적으로 디스플레이 광고로부터의 유입이 체류 시간이 가장 짧습니다.

- **KPI (Key Performance Indicator)**

핵심성과지표. 기업이 달성해야 할 최종적 미래의 성과지표를 의미합니다. 특히 디지털 마케팅에서는 구체적이고 통계적인 숫자로 표현됩니다. 최종목표인 매출이 될 수도 있으며, CPA, CPC, CTR도 KPI가 될 수 있습니다.

• ROI (Return Of Investment)

투자 대비 수익률을 의미합니다. 기업의 순이익을 투자액으로 나누어 구합니다. 향후 투자를 더 할 것인지 결정할 때의 지표로 사용합니다.

• ROAS (Return On Ads Spending)

ROI를 광고에 적용한 용어로 광고 대비 수익률을 의미합니다. 광고 마케팅의 효율 측정을 위한 지표입니다. 현재의 마케팅 상황이 어떤지, 향후에 마케팅의 규모를 어떻게 가져갈 것인지 점검하는 통찰을 얻을 수 있습니다.

• 전환율 (Conversion rate)

웹 사이트 방문자 또는 앱 이용자가 제품 구매, 회원 등록, 뉴스레터 가입, 소프트웨어 다운로드 등 광고주가 의도하는 행동을 취하는 비율을 의미합니다.

• 검색광고 (Search Advertising)

현업에서는 흔히 SA라고 줄여서 말하거나, 키워드 광고라고도 합니다. 네이버, 구글, 다음 등의 검색엔진에서 특정 키워드 검색 시에 결과에 노출되도록 하는 광고를 의미합니다. 경쟁 입찰을 통하여, 노출

순위가 결정되므로 검색 수가 높은 키워드는 비용이 높습니다.

• 디스플레이 광고 (Display Advertising)

현업에서는 흔히 DA라고 줄여서 말하기도 합니다. 흔히 배너광고라고 이야기하는 광고입니다. 포털 메인화면이나, 온라인 언론사에서 쉽게 볼 수 있습니다. 일반적으로 검색광고에 비하여 상대적으로 가격이 저렴합니다.

• 대표 키워드

업종 카테고리 상의 메인 키워드로 카테고리명, 상품명 등의 사용자 인지도가 높은 일반적인 검색어를 의미합니다. 예를 들어 창업 분야 대표키워드는 '창업'이 될 것입니다. 세부 키워드는 치킨창업, 소자본 치킨창업, 부산 치킨창업 등이 될 수 있습니다.

• 세부 키워드

대표 키워드에 비하여, 사용자의 의도가 디테일하게 개입되어 보다 더 명확하고 세부적인 검색어가 추가된 키워드를 의미합니다. 대표 키워드와 세부 키워드는 검색광고에서 단가 차이가 있습니다. 대표 키워드의 가격이 더 높습니다.

- **시즈널 키워드 (Seasonal Keyword)**

  특정 시기나 계절에 따라 키워드의 조회 수가 높아져서 구매가격의 차이가 나는 키워드를 의미합니다. 예를 들어 여름에는 수영복과 워터파크가 시즈널 키워드입니다.

- **네이티브 광고 (Native Ad)**

  광고의 형태가 기존 광고와 다르게 언론사 기사나, 소셜 미디어상의 친구 소식처럼 자연스럽게 배치되는 광고입니다. 사용자가 광고에 비하여 상대적으로 거부감을 적게 가지도록 어울리는 형태로 제작됩니다. 최근 모바일에서 많이 볼 수 있습니다.

- **리치 미디어 광고 (Rich Media AD)**

  이미지 또는 텍스트 위주의 광고 형태보다 풍부한 비디오, 오디오, 자바스크립트 등의 콘텐츠를 활용해서 제작한 광고로, 사용자와 상호작용을 하는 쌍방향 광고를 의미합니다. 온라인에서는 흔히 마우스 커서의 움직임에 따라 상호작용이 일어나는 광고나 클릭 시에 단순히 특정 웹사이트로 이동하는 것이 아닌, 영상과 음성이 결합한 게임이 가능한 페이지로 이동하는 경우 등을 예로 들 수 있습니다.

- **타기팅 광고 (Targeting Advertising)**

  기존 도달형 광고가 불특정 다수에게 광고를 노출하는 방식이라면 타기팅 광고는 성별, 연령, 지역 등의 통계를 이용한, 인구통계학적 타기팅과 기존에 보유한 고객정보에 따른 맞춤 타기팅, 그리고 기존 고객정보를 이용하여 기존 고객과 유사한 고객에게만 광고를 노출하는 유사 타기팅 기법으로 타기팅하는 광고를 의미합니다. 국내에서 자주 사용되는 타기팅 광고는 페이스북, 인스타그램, 카카오, 구글 등의 타기팅 광고가 있습니다. 최근에는 타기팅 광고에 AI 기술이 접목되어 원하는 타깃을 자동으로 찾아주는 기술도 생겨나고 있습니다.

- **보상형 광고 (Rewarded Ad)**

  광고에 노출되는 사용자들에게 기프티콘, 커피 상품권 등을 받을 수 있는 포인트 등 광고 시청의 대가로 지급하는 앱 설치나, 이벤트 응모 등의 행동을 유도하는 광고를 의미합니다. 대표적인 보상형 광고상품은 캐시슬라이드와 같은 상품이 있습니다.

- **비보상형 광고 (Non-rewarded AD)**

  보상형 광고의 반대 광고로 광고에 따른 보상 없이 앱 설치나 회원 가입 등의 행동을 유도하는 광고를 의미합니다. 수년 전만 해도 보상형 광고를 통한 초기 이벤트가 앱 출시 초기 반드시 미디어 믹스 해야 하는 카테고리로 인식되었으나, 최근에는 앱의 삭제율이 상승 하는 이슈 등으로 보상형 광고가 많이 줄어든 추세입니다.

• 빈도 (Frequency)

한 명의 사용자가 동일한 광고에 노출되는 횟수를 의미합니다. 빈도는 광고 성과와 밀접한 연관성이 있습니다. 빈도가 낮으면 인지율이 낮아지고, 빈도가 높으면 피로도가 높아집니다. 매체별로 빈도에 대한 가이드를 제시하고 있습니다. 예를 들어 페이스북과 인스타그램은 빈도를 4-5회로 추천하고 있습니다. 동일한 사용자에게 빈도가 4-5회 노출되었다면 광고 크리에이티브를 교체할 것을 추천한다는 의미입니다.

• 전환 (Conversion)

광고주가 목적하는 특정행위로 광고 성과를 측정하는 가장 중요한 지표라 할 수 있습니다. 대표적인 전환은 구매, 회원가입, 장바구니 담기 등이 있으며, 앱 마케팅에서는 다운로드 등이 있을 수 있습니다. 온라인에서 최종구매가 이루어지지 않고, 매장 등을 방문해야 구매가 일어나는 제품과 서비스는 약도 보기, 전화하기, 상세페이지 보기, 카카오톡 상담하기 등도 전환으로 규정할 수 있습니다.

· **어뷰징 (Abusing)**

부적절하거나 불법적인 방법으로 광고 목적을 달성하려는 마케팅 행위를 의미합니다. 주로 매크로를 이용한 클릭 수 늘리기, 반복적인 게시물 자동 등록, 봇을 이용한 부정한 방식의 트래픽 상승 등이 있습니다. 국내에서는 네이버의 영향력이 크기 때문에 네이버에 대한 다양한 어뷰징 작업이 존재합니다.

· **랜딩페이지 (Landing Page)**

사용자가 광고를 클릭한 다음 최초로 보게 되는 웹페이지를 의미합니다. 랜딩페이지는 자사 웹사이트의 일부 메뉴일 수도 있으며, 특정광고를 위해서 별도로 제작된 단일 웹페이지일 수도 있습니다. 대부분 개인정보를 입력하도록 구성되어 있습니다. 최근 랜딩페이지는 PC와 모바일을 모두 지원하도록 반응형으로 제작하는 경우가 대부분입니다.

· **고객 생애 가치 (LTV, Lifetime Value)**

광고를 통하여 유입된 한 명의 사용자가 웹사이트나 앱에 들어와서 이탈하기까지, 또는 앱을 삭제하기 전까지 전체 여정 동안의 매출이나 가치를 의미합니다. LTV가 높다면 해당 광고는 지속하는 것이 효과적이라고 판단할 수 있습니다.

· **ATL (Above The Line)**

흔히 전통적 4대 매체라고 불리는 TV, 신문, 잡지, 라디오 등의 전통매체에 노출되는 광고 및 마케팅 활동을 의미합니다. 쌍방향보다는 단방향의 광고가 대부분이며, 타기팅 기법이 부족한 경향이 있습니다. 일반적으로 광고비용이 높습니다.

· **BTL (Below The Line)**

전통적인 ATL 매체광고를 제외한 광고마케팅 활동 업무를 말합니다. EDM, DM, CRM, 소규모 이벤트 등 쌍방향 커뮤니케이션이 가능한 광고를 포함합니다. 타기팅이 가능한 경우가 많으며, 일반적으로 광고비용이 낮습니다.

· **IMC (Integrated Marketing Communication)**

업계에서 흔히 IMC라고 하면, ATL과 BTL을 모두 어우르며, 일관된 메시지를 전달하는 전략을 의미합니다. 광고주라면 IMC 전략, IMC 제안서라는 단어를 흔히 들을 수 있습니다.

· **오가닉 유저 (Oraganic User)**

오가닉 유저와 오가닉 유입은 유료 광고를 통하지 않고, 바이럴이나 브랜딩의 결과로 자연 유입된 사용자와 유입을 의미합니다. 반대의 의미로 광고를 통한 유입과 사용자가 있습니다.

B2B 마케팅 이기는 전략 (개정판)

초 판 1쇄 발행 | 2019년 8월 15일
개정판 1쇄 발행 | 2022년 5월 10일

지은이 | 심진보
펴낸이 | 이은성
편 집 | 김무영, 김하종
디자인 | 전영진
펴낸곳 | e비즈북스

주 소 | 서울시 종로구 창덕궁길 29-38, 4~5층
전 화 | (02)883-9774
팩 스 | (02)883-3496
이메일 | ebizbooks@hanmail.net
등록번호 | 제2021-000133호

ISBN 979-11-5783-246-0 03320

e비즈북스는 푸른커뮤니케이션의 출판 브랜드입니다.